ADAC Reiseführer

Südafrika

von Jutta Lemcke

10 ADAC Top Tipps

Das müssen Sie gesehen haben! Die zehn Top Tipps bringen Sie zu den absoluten Highlights.

25 ADAC Empfehlungen

Unterwegs gut beraten: Diese 25 ausgesuchten Empfehlungen machen Ihren Urlaub perfekt.

Preise für ein DZ mit Frühstück:
€ | bis 80 €
€€ | bis 250 €
€€€ | ab 250 €

Preise für ein Hauptgericht:
€ | bis 10 €
€€ | bis 20 €
€€€ | ab 20 €

Intro

ADAC Quickfinder

Hier finden Sie die Orte, Sehenswürdigkeiten und Attraktionen, die perfekt zu Ihnen passen.

Unterwegs

Service

Alle wichtigen reisepraktischen Informationen – von der Anreise über Notrufnummern bis hin zu den Zollbestimmungen.

Zu diesen Orten und Sehenswürdigkeiten finden Sie Detailkarten im Innenteil des Reiseführers.

Umschlag:

ADAC Top Tipps: Vordere Umschlagklappe, innen ❶

ADAC Empfehlungen: Hintere Umschlagklappe, innen ❷

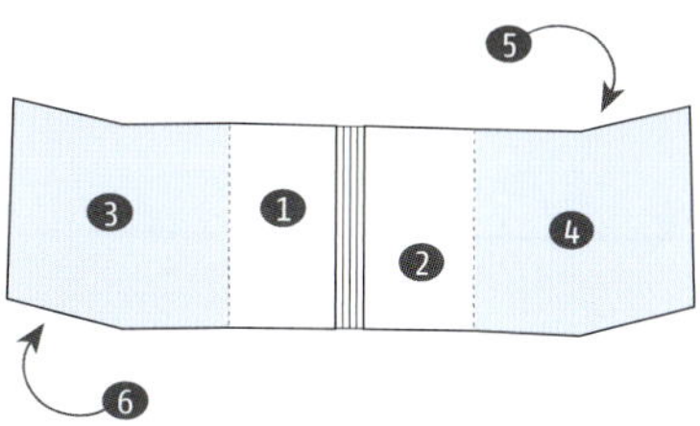

Übersichtskarte Südafrika West: Vordere Umschlagklappe, innen ❸
Übersichtskarte Südafrika Ost: Hintere Umschlagklappe, innen ❹

Stadtplan Kapstadt: Hintere Umschlagklappe, außen ❺
Ein Tag in Kapstadt: Vordere Umschlagklappe, außen ❻

Die ganze Welt in einem Land

Von der Sonne verwöhnt, umarmt von zwei Meeren, beschenkt mit grandioser Natur, von Lebenslust beschwingt – ein Sehnsuchtsziel.

Ein altes und ein neues Wahrzeichen Kapstadts: der Tafelberg und das WM-Stadion

Die ganze Welt in einem Land – mit diesem Slogan wirbt Südafrika für sich und zeigt damit gleich eine ordentliche Portion Selbstbewusstsein. Doch jeder Südafrika-Besucher wird schon nach der ersten Reise in das vielfältige Land an der Südspitze des afrikanischen Kontinents zugeben: Das Motto passt. Faszinierende Halbwüsten, üppiger Dschungel, dramatische Bergketten, spektakuläre Canyons, tosende Wasserfälle, dichte Urwälder und endlose Strände, an denen sich mächtige Wellen brechen – allein die Naturschönheiten stellen viele andere Länder in den Schatten.

Weltberühmtes Wildlife – auf der Spur der Big Five

Dazu gesellt sich ein Wildlife, das zum besten Afrikas zählt. Nicht nur der weltberühmte Krüger-Nationalpark ist ein Paradies für Safarigäste, die auf der Suche nach den Big Five sind. Über das ganze Land verteilt finden sich zahlreiche Nationalparks und private Wildreservate, die zur Pirsch einladen. Dabei kann jeder seine Schwerpunkte setzen. Wer Elefanten liebt, geht in den Addo Elephant Park im Eastern Cape. Wer von den bedrohten und streng geschützten Nashörnern fasziniert ist, sollte in den Hluhluwe-Imfolozi Park in KwaZulu-Natal reisen, aus dem alle heute in Afrika frei lebenden Rhinos stammen. Raubtierfans gehen in den Kalahari Transfrontier Park und suchen nach den berühmten Kalahari-Löwen mit ihren extradunklen Mähnen. Oder sollen es weiße Löwen sein? Diese seltenen Exemplare können in freier Wildbahn im Eastern Cape entdeckt werden. Dazu bietet Südafrika in Hermanus den weltweit anerkannt besten Spot, um Wale direkt von Land aus zu beobachten. Sie kommen aus dem Polarmeer an die Whalecoast, um dort zu kalben und ihre Jungen aufzuziehen – Besucher nehmen an der Felsküste die Poleposition ein und sind (fast) hautnah dabei. Putzige Pinguine, Sardinenschwärme so groß, dass man sie vom Weltall aus sieht, und Nilpferde, die nachts durch Städtchen bummeln – die Aufzählung faszinierender Tiererlebnisse, die Touristen in Südafrika erwarten, füllt ganze Seiten.

Elefanten kommen zu einer Wasserstelle (unten), Brillenpinguine an einem Strand an der Ostküste (ganz unten)

Viktorianischer Stil in Kapstadt: die Long Street (oben), luxuriöse Lodge in einem Nationalpark (links), Lowe in einem Camp ohne Zaun (unten)

Dabei macht es das Land seinen Besuchern leicht. Die Infrastruktur ist – vor allem im afrikanischen Vergleich – hervorragend und überrascht in ihrer Qualität viele, die zum ersten Mal kommen. Das Straßennetz ist gut, ebenso die Beschilderung, es gibt reichlich Tankstellen und alle Arten von Versorgungseinrichtungen, die man als Reisender braucht. Dazu kommt eine große Auswahl an guten und sehr guten Unterkünften nahezu für jeden Geldbeutel.

Wer Luxus liebt, findet herausragende Fünf-Sterne-Lodges meist rund um die Wildlife-Nationalparks und in den Metropolen. Auf der anderen Seite gibt es überall einfache, aber sehr authentische Camp-Unterkünfte und charmante, persönlich geführte Gästehäuser, sodass es auch Reisenden mit kleinem Budget an nichts fehlt. So oder so erfreulich: Das Preis-Leistungs-Verhältnis ist top. In Südafrika bekommt man viel für sein Geld.

Die »Rainbow Nation«: Schmelztiegel vieler Kulturen

Doch der Slogan »Die ganze Welt in einem Land« passt nicht nur auf Wildlife und Natur. Südafrika ist eine »Rainbow Nation«, so nannte Friedensnobelpreisträger Erzbischof Desmond Tutu seine Heimat. Denn so breit gefächert und bunt wie ein Regenbogen zeigt sich auch die Bevölkerung. Da gibt es die Khoisan, die Ureinwohner des südlichen Afrikas. Dann kamen ab 500 n.Chr. verschiedene schwarze Bantu-Völker aus dem Norden und ab dem 17. Jh. weiße Siedler aus Europa, darunter viele Holländer, Engländer und auch Franzosen. Zudem leben in Südafrika die Nachfahren der im 17. und 18. Jh. als Sklaven aus Asien ans Kap verschleppten Menschen, die heute als Kapmalaien bekannt sind, und viele Inder, die im 19. Jh. als Arbeiter für die Zuckerplantagen zuzogen und sich vorrangig rund um Durban niederließen. Alle diese Menschen haben ihre Tradition, ihre Kultur und – nicht zuletzt – ihre Küche mitgebracht. Sie machen den multikulturellen Charme des Landes aus. Ein buntes, bereicherndes Zusammenleben, das allerdings auch heute nicht ohne Konflikte ist – und das auf eine Vergangenheit voller harter Konfrontationen und zum Teil blutiger Kämpfe zurückblickt. Viele verbinden mit Südafrika die jahrzehntelange weiße Apartheidspolitik, die sich gegen die schwarze und farbige Bevölkerung richtete und sie gesellschaftlich, politisch und wirtschaftlich scharf diskriminierte. Doch ist der Begriff Apartheid heute auch in positivem Sinne mit ihrer Überwindung verbunden – ein Kraftakt für den Frieden, der den daran Beteiligten Frede-

Nobel Square in Kapstadt: Tänzer vor den vier Friedensnobelpreisträgern aus Bronze

rik de Klerk und Nelson Mandela 1993 den Friedensnobelpreis bescherte. Vor allem Nelson Mandela, der 27 Jahre seines Lebens für seinen Kampf für Gleichheit und Gerechtigkeit im Gefängnis saß, gilt weltweit als überragende moralische Instanz, als Symbolfigur für den Frieden und Vater der Regenbogennation.

> »*Es erscheint immer unmöglich, bis es vollbracht ist.*«
>
> Nelson Mandela

Wer Südafrika besucht, wird überall im Land auf seine Spuren stoßen: An der Wild Coast, wo er geboren ist, in Soweto, wo er in Nachbarschaft zu Erzbischof Desmond Tutu in der Vilakazi Street lebte, in KwaZulu-Natal, wo er verhaftet wurde, und in Kapstadt, wo er auf Robben Island 18 Jahre lang im Gefängnis saß. Noch immer ist der Geist Mandelas in Südafrika zu spüren, sein tiefes Bestreben, die Völker zu versöhnen und ein friedfertiges Zusammenleben zu erreichen.

Mächtige Berge, schönste Strände und blühende Gärten

Besonders intensiv lässt sich die multikulturelle Atmosphäre in Kapstadt erleben. Die Metropole ist mit ihren Stränden, den Bergreliefs und blühenden Gärten nicht nur eine Schönheit, sondern strahlt wie keine andere Stadt im Land eine ansteckende Lebenslust aus, die auch Besucher sofort in Ferienlaune versetzt. Ganz gleich, wo man

Traumstrand mit grandioser Kulisse: Camps Bay bei Kapstadt

sich in Kapstadt aufhält – der mächtige Tafelberg ist immer im Blick und der nächste Strand zum Sonnen, Baden oder Surfen nicht weit. Dieser Stadt wird eine unerschütterliche Laissez-faire-Haltung nachgesagt. So wundert es auch nicht, dass sich Kapstadt den schönen Dingen des Lebens überaus zugewandt zeigt. Wer hervorragend essen, nobel shoppen oder in einer Rooftop-Bar stilvoll seinen Sundowner genießen möchte, findet zahllose Plätze. Vor den Toren der Stadt gibt es weitere Attraktionen. Im Süden geht es über die grandiose Küstenstraße Chapman's Peak Drive zum Kap der Guten Hoffnung, und im Nordosten kommt man in die malerischen Winelands mit ihren edlen Tropfen, Gourmetrestaurants und zauberhaften kapholländischen Gutshäusern.

Hauptstadt Pretoria (Exekutive), Kapstadt (Legislative), Bloemfontein (Judikative)

Sprachen Afrikaans, Englisch und neun Bantu-Sprachen

Währung Rand (ZAR)

Staatsform Präsidialdemokratie mit föderalen Elementen

Fläche 1 221 037 km^2, mehr als dreieinhalbmal so groß wie Deutschland

Einwohner knapp 60 Mio.

Tourismus gut 10 Mio. Besucher pro Jahr

Religion Es herrscht Glaubensfreiheit. Neben christlicher und muslimischer Religion finden sich vor allem auf dem Land auch Naturreligionen.

Bevölkerungsdichte 42,2 Einwohner pro km^2

Medizin Christiaan Barnard transplantierte 1967 in Kapstadt erstmals erfolgreich ein menschliches Herz.

Pflanzenvielfalt Am Tafelberg wachsen mehr Pflanzenarten als im Vereinigten Königreich.

Nationalhymne Die seit 1997 geltende Hymne hat Strophen in fünf verschiedenen Landessprachen.

Weinstraße Die längste der Welt ist mit mehr als 400 km die R62 von Kapstadt nach Oudtshoorn.

Das will ich erleben

Südafrika besitzt grandiose Naturkulissen und ungezählte spektakuläre Naturschauspiele – dem Besucher bleibt die Qual der Wahl zwischen mächtigen Bergketten und tierreichen Wildreservaten, faszinierenden Wüstenlandschaften und spektakulären Küstenlinien. Doch auch auf den Spuren der Geschichte lässt sich ausgiebig wandeln. Zahlreiche Zeugnisse erzählen von den Ureinwohnern, der Kolonialzeit und dem langen Weg aus der Apartheid in die Freiheit. Dazu lockt das Land mit überaus gastfreundlichen Menschen vieler Kulturen, mit Kunst, Kulinarik, schickem Lifestyle und immer neuen Trends jenseits des etablierten Mainstreams.

Einzigartige Kunst

Südafrika hat ganz besondere Künstler mit unterschiedlichen kulturellen Backgrounds hervorgebracht, die sich den brennenden Themen des Landes auf einzigartige Weise nähern. Eine außergewöhnliche private Kunstsammlung findet sich im Hotel Ellerman House in Kapstadt. Das Zeitz MOCAA Museum an der Waterfront bietet ein neues Forum für zeitgenössische afrikanische Kunst. Sonderbar und faszinierend ist das Owl House im Eastern Cape.

Einzigartige Natur

Blumenteppiche bis zum Horizont, riesige Lagunen, tierreiche Sumpfgebiete und Strände ohne Ende – Naturliebhaber kommen in Südafrika auf ihre Kosten. Auch jenseits der weltweit bekannten Nationalparks finden sich Naturparadiese, die auf ihre Entdeckung warten.

Spaß mit Kindern

Das Land ist unkompliziert und fordert nirgends eine strenge Etikette – ideal für Familien. Vor allem die Wildlife-Parks lassen die Herzen der Kleinen höherschlagen. Dazu gibt es einige gut gemachte Erlebnisparks, die auch von den einheimischen Familien gern besucht werden.

12

Shoppinghighlights

Wer zu einem Einkaufsbummel aufbricht, taucht in den Alltag des Landes ein, nimmt Kontakt auf und ersteht das ein oder andere schöne Erinnerungsstück. Die Bandbreite der Shoppingmöglichkeiten reicht von trubeligen afrikanischen Märkten über originelle Boutiquen bis zu den Malls, in denen die internationalen Brands zu finden sind.

1

Grandiose Aussichten

Vielerorts sind die Urgewalten geologischer Kräfte zu bewundern. Das Land ist von Bergketten durchzogen und gespickt mit Schluchten, Canyons und Wasserfällen.

26

Tiere in der Natur

Südafrika ist bekannt für sein Big-Five-Wildlife. Doch auch Pinguine, Strauße, Wale und Haie gehören zu den Kreaturen, die auf unvergessliche Weise erlebt werden können.

Kolonialgeschichte verstehen

Im 17. Jh. kamen die ersten weißen Siedler ans Kap. Sie brachten ihre Kultur und ihr Wissen, doch vereinnahmten das Land ohne Rücksicht auf die Bevölkerung. Kriegerische Auseinandersetzungen und Apartheid waren die Folge dieses Teils der Geschichte des Landes.

Auf den Spuren Mandelas

Viele Besucher haben das Bedürfnis, Mandelas Leben und die Stationen seines Wirkens nachzuempfinden. Im ganzen Land finden sich Gedenkstätten dieser Ausnahmepersönlichkeit, die 1993 den Friedensnobelpreis erhielt.

Unvergessliche Safaris

Südafrika ist eine hervorragende Safaridestination und weltweit für den Krüger-Nationalpark bekannt. Doch das Land bietet sehr viel mehr als den Krüger. Je nachdem, für welches Tier der Safarifan eine Vorliebe hegt: Er findet garantiert den Wildlife-Park, der zu ihm passt.

Panoramastraßen von Weltruf

Die Panoramastraßen Südafrikas genießen weltweit einen legendären Ruf und sollten einen festen Platz im Reiseprogramm haben. Die schönsten finden sich mit dem Chapman's Peak Drive auf der Kaphalbinsel, dem Sani Pass in den Drakensbergen und der Panoramaroute Mpumalanga westlich vom Krüger-Nationalpark.

Lifestyle und Trends

Das Land sprüht vor Lebenslust und ist ein Schmelztiegel kreativer Ideen und neuer Trends, die sich gegen den Mainstream richten. Wer das Land wirklich verstehen möchte, sollte auch auf die Suche nach dem jungen Südafrika gehen und damit einen Blick in die Zukunft wagen.

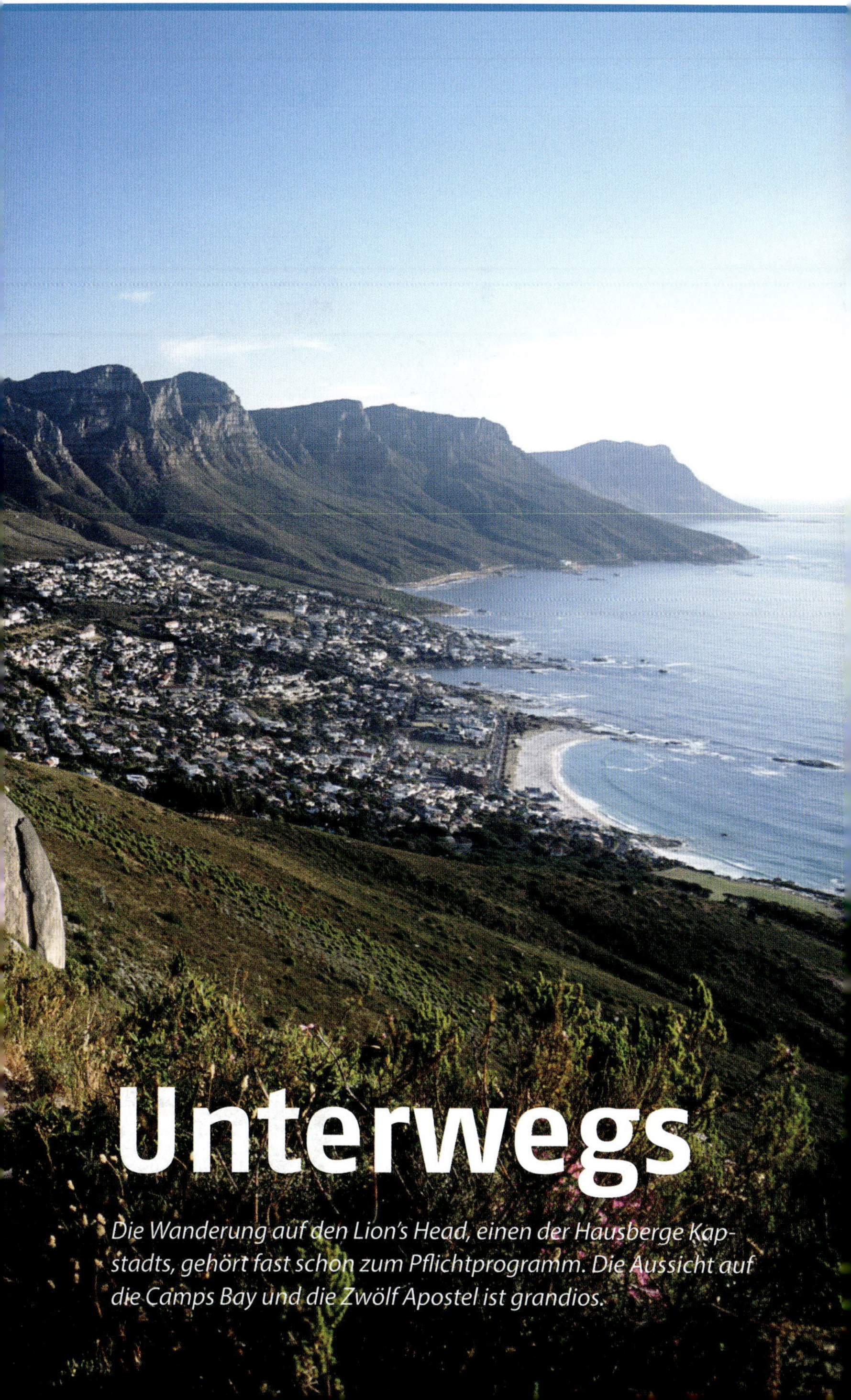

Unterwegs

Die Wanderung auf den Lion's Head, einen der Hausberge Kapstadts, gehört fast schon zum Pflichtprogramm. Die Aussicht auf die Camps Bay und die Zwölf Apostel ist grandios.

Kapstadt und Umgebung

Kapstadt – eine der schönsten Städte der Welt, ein glitzerndes Juwel. Doch auch die Kaphalbinsel und die Westcoast sind Sehnsuchtsziele.

Schon viele Reisende haben sich in Kapstadt verliebt – in diese lebensfrohe und lebendige Stadt, die alle Sehnsüchte zu vereinen scheint. Wer die »Mothercity« nur ein oder zwei Tage besucht, kann höchstens die Top-Highlights wie Tafelberg, Waterfront, Robben Island und vielleicht noch Camps Bay anschauen. Eine Woche mindestens sollte bleiben, wer eine Ahnung von all den großen und kleinen Attraktionen bekommen möchte, die sich hier versammeln. Dazu kommen viele Höhepunkte im Umland. Allen voran die Kaphalbinsel mit dem Kap der Guten Hoffnung, der Pinguinkolonie am Boulders Beach und dem Chapman's Peak Drive, der als eine der spektakulärsten Panoramastraßen der Welt gilt. Wer Ruhe sucht, fährt gen Norden in den Westcoast National Park mit dem blühenden Namaqualand oder in die Große Karoo mit den zerklüfteten Cederbergen.

In diesem Kapitel:

ADAC Top Tipps:

1 Kapstadt City Bowl
| Stadtzentrum |
Eingerahmt von Bergen und Meer, lockt Kapstadt City mit historischen Gebäuden, schicken Shops, quirligen Märkten, spannendem Nightlife und jeder Menge Lebenslust. 19

2 Tafelberg
| Aussichtspunkt |
Einer der berühmtesten Berge der Welt – ein mächtiges Massiv, das sich gut 1000 m in die Höhe stemmt und wie ein Wächter über der Traumstadt Kapstadt thront. 27

3 Kaphalbinsel und Kapspitze
| Landschaft |
Das Kap der Guten Hoffnung ist schon Grund genug, von Kapstadt aus rund 60 km nach Süden zu fahren. Dazu bietet die bergige Halbinsel noch malerische Küstenorte und eine grandiose Panoramastraße. 32

ADAC Empfehlungen:

1 Kapstadt

Sehnsuchtsziel und Lifestyle-Metropole

Lion's Head und der Tafelberg machen das Panorama Kapstadt unverwechselbar

i Information

- Cape Town Tourism, Ecke Burg und Castle St, Kapstadt, Tel. 086/132 22 23, www.capetown.travel
- Parken: siehe S. 30

Verwöhnt von der Sonne, umarmt von zwei Meeren. Kapstadt wird nicht von ungefähr immer wieder zum attraktivsten Ende der Welt gekürt. »Mothercity« ist von Natur aus mit verschwenderischer Schönheit ausgestattet, wirbt mit einer kunterbunten Kulturszene und besticht mit sprühender Lebenslust. Traumhafte Buchten, klarer Himmel, blühende Gärten und die idyllischen Winelands direkt vor der Haustür: Das allein würde reichen, um sich in diese Stadt zu verlieben. Doch zusätzlich, wie ein dickes Sahnehäubchen obendrauf, stemmt sich auch noch der Tafelberg rund 1000 m in die Höhe und thront wie ein Fanal über der Drei-Millionen-Metropole. Dieser steinerne Koloss am Ende des Kontinents zeigt jeden Tag ein neues Gesicht – mal wolkenverhangen und düster, im Abendlicht schimmernd wie eine Fata Morgana, schließlich wieder strahlend und klar. Dann scheint er zu locken: »Kommt hoch und schaut euch die Stadt zu meinen Füßen an.« Wer nur kurz in Kapstadt ist, sollte den Berg immer im Auge behalten. Sobald der Wind das »Tischtuch« weggefegt

Plan S. 22/23

hat und sich der launische Koloss wolkenlos zeigt, heißt es: Ab in die Seilbahn und hoch. Der Ausblick ist grandios. Wie auf einem Wimmelbild schmiegt sich das Häusermeer rund um den Tafelberg und den kleineren Lion's Head. Das Stadion zur Fußball-Weltmeisterschaft 2010, die dem Land einen ordentlichen Entwicklungsschub verpasst hat, ist als kleines Rund in der Tiefe auszumachen. In der Ferne schimmert Robben Island, die Gefangeneninsel, auf der der Freiheitskämpfer und Nationalheld Nelson Mandela 18 Jahre inhaftiert war. Gut erkennbar ist auch die Victoria & Alfred Waterfront mit den edlen Hotels, schicken Malls und trendigen Restaurants. Nicht weit entfernt blinkt es in allen Regenbogenfarben: Hier befindet sich das Bo-Kaap-Viertel mit den farbenfrohen Häusern und verwinkelten Gassen der muslimischen Gemeinde. Nicht weit entfernt liegen die Szenestraßen Long Street und Bree Street, in denen es vor allem nach Einbruch der Dunkelheit lebendig wird. Eingerahmt ist das Ganze von kleinen Buchten, die sich an der Küste aneinanderreihen wie Perlen auf einer Schnur, und den glitzernden Wellen des Atlantiks, der am Horizont mit dem strahlend blauen Himmel verschmilzt. Wer oben auf dem Tafelberg steht, kommt schnell zu dem Schluss, dass es eine Lebensaufgabe ist, diese Stadt vollständig auszukosten. Wer kürzer bleibt, muss sich der Qual der Wahl stellen.

Sehenswert

1 Kapstadt City Bowl

| Stadtzentrum |

1 *Historische Gebäude, quirlige Märkte und spannendes Nightlife*

Kapstadts Zentrum schmiegt sich in ein von Bergmassiven geformtes Halbrund, das am offenen Ende vom Meer begrenzt wird. Mitten in dieser Schüssel, der City Bowl, liegen zahlreiche Attraktionen, von denen viele gut zu Fuß erreichbar sind. Neben den historischen Zeugnissen ist der Green Market Square ein Magnet für Kapstadt-Besucher. Tagsüber zieht hier ein bunter Flohmarkt alle an, die typische afrikanische Souvenirs wie Holzschnitzereien, Bilder, Schmuck oder Textilien kaufen möchten. Die Händler kommen aus ganz Afrika. Rund um den Platz kann man in Cafés und Restaurants eine Erholungspause einlegen. Vom Green Market Square gehen in alle Richtungen Gassen und Fußgängerwege ab mit Geschäften für den Alltagsbedarf, Shops mit Kunsthandwerk, Galerien und Boutiquen. Auch die Long Street mit ihren Bars und Clubs sowie der Company's Garden mit den zahlreichen historischen Gebäuden rundherum sind in Laufnähe.

■ Green Market Sq, Mo–Sa 9–16 Uhr

2 Historisches Kapstadt

| Stadtviertel |

Wer das heutige Südafrika verstehen möchte, muss in die Vergangenheit blicken. An kaum einem Ort geht das besser als in Kapstadt. Ein historischer Rundgang zeigt das kulturelle und historische Herz der Metropole. Die Geschichte der Stadt begann im Company's Garden. Hier baute im 17. Jh. die Dutch East India Company Obst und Gemüse an, um die Seeleute auf ihrem Weg nach Asien mit dringend benötigten frischen Lebensmitteln zu versorgen. Bei der Tour durch Kapstadts Zentrum trifft man auf all die großen Namen der Geschichte wie Jan Smuts, Cecil John Rhodes und natürlich Nelson Mandela. Alle haben sie ihre Spuren in Kapstadt hinterlassen. Im Abstand von nicht einmal 100 m hatten drei Friedensnobelpreisträger ihre Wirkungsstätte: Frederik de Klerk und Nelson Mandela im Parlamentsgebäude, Erzbischof Desmond Tutu in der neugotischen St. George's Anglican Cathedral gleich nebenan. Rund um den Company's Garden finden sich Kapstadts steinerne Zeitzeugen wie die Slave Lodge von 1679 (heute Museum zur Geschichte der Sklaverei), die Nationale Gemäldesammlung, die jüdische Synagoge und viele andere Kulturvermächtnisse. Am oberen Ende der Government Avenue steht das berühmte Mount Nelson Hotel, das

Das Castle of Good Hope, errichtet im 17. Jh., ist das älteste Gebäude Südafrikas

wegen seines Anstrichs gern »Pink Lady« genannt wird. In der nördlichen City Bowl lohnt das Castle of Good Hope einen Besuch. Die fünfeckige Festung (1666–79) ist das älteste Kolonialgebäude Südafrikas und beherbergt heute verschiedene Museen.

■ Company's Garden, Dez.–Feb. 7.30–20.30, März–Nov. 7–19.30 Uhr

■ Slave Lodge, 49 Adderley St, www.iziko.org.za, Mo–Fr 10–16.30, Sa 10–13 Uhr

■ Nationale Gemäldesammlung, Government Ave, www.iziko.org.za, Di–So 10–17 Uhr

■ Jüdische Synagoge mit Museum, 88 Hatfield St, www.sajewishmuseum.co.za, So–Do 10–17, Fr 10–14 Uhr

■ Castle of Good Hope, Darling St/Ecke Buitenkant St, www.castleofgoodhope.co.za, tgl. 9.30–17.30 Uhr

3 Long Street

| Flaniermeile |

Wer ins junge, vibrierende Leben der Stadt eintauchen möchte, geht am besten auf die Long Street. Hier mischen sich hippe Locals aller Hautfarben mit unternehmungslustigen Touristen, um Spaß zu haben – und das rund um die Uhr. Die Long Street macht es einem leicht, sich dort wohlzufühlen. Gesäumt wird die Straße, die zu den ältesten Kapstadts zählt, von vielen viktorianischen Gebäuden mit kunstvoll geschmiedeten Balkongittern, die alle fein restauriert wurden. Die Long Street lädt am Tag mit ihren Antiquitätenläden, den Bookshops, Galerien, Musikläden und Cafés zum Bummeln ein. Nachts geht es ans Feiern. Clubs, Discos und Bars, Restaurants mit afrikanischer, indischer und internationaler Küche – die Long Street bietet die ganze Bandbreite für eine coole Abendunterhaltung. Seit einiger Zeit macht ihr die nahe gelegene Bree Street Konkurrenz mit hippen Cafés, stylishen Weinbars und coolen Bistros, die zum Lunch laden. Ein wenig gediegener geht es in der Kloof Street zu, der Verlängerung der Long Street. Hier treffen sich die bereits etablierten Kreativen zum Austausch. Ein Bummel führt an Plattenläden, trendigen Boutiquen und originellen Shops vorbei.

ADAC *Spartipp*

Genau genommen hat Kapstadt drei Hausberge: Tafelberg, Devil's Peak und den Signal Hill mit dem Lion's Head, dem Löwenkopf, am Ende. Einen der schönsten Ausblicke auf Kapstadt bietet der **Signal Hill** – und das lässt sich sogar völlig kostenlos genießen. Nach oben geht es mit dem Auto (Parkplätze sind vorhanden) oder zu Fuß von Sea Point oder dem Bo-Kaap aus (30–60 Min.). Vor allem gegen Abend kommen hier viele Menschen zusammen, manche mit Picknickkorb und einer Flasche Wein, um aufs Meer zu schauen, wo sich die Sonne glutrot in den Atlantik verabschiedet.

4 Bo-Kaap

| Stadtviertel |

1 *Schmucke Häuschen der muslimischen Kapmalaien*

Das Bo-Kaap-Viertel ist eine idyllische Oase downtown Kapstadt am Fuß des Signal Hill. Hier wohnt in kunterbunten Häuschen die muslimische Gemeinde der Stadt. Es sind die Nachfahren der im 17. und 18. Jh. aus Südostasien ans Kap verschleppten Sklaven. Sie werden – etwas irreführend – Kapmalaien

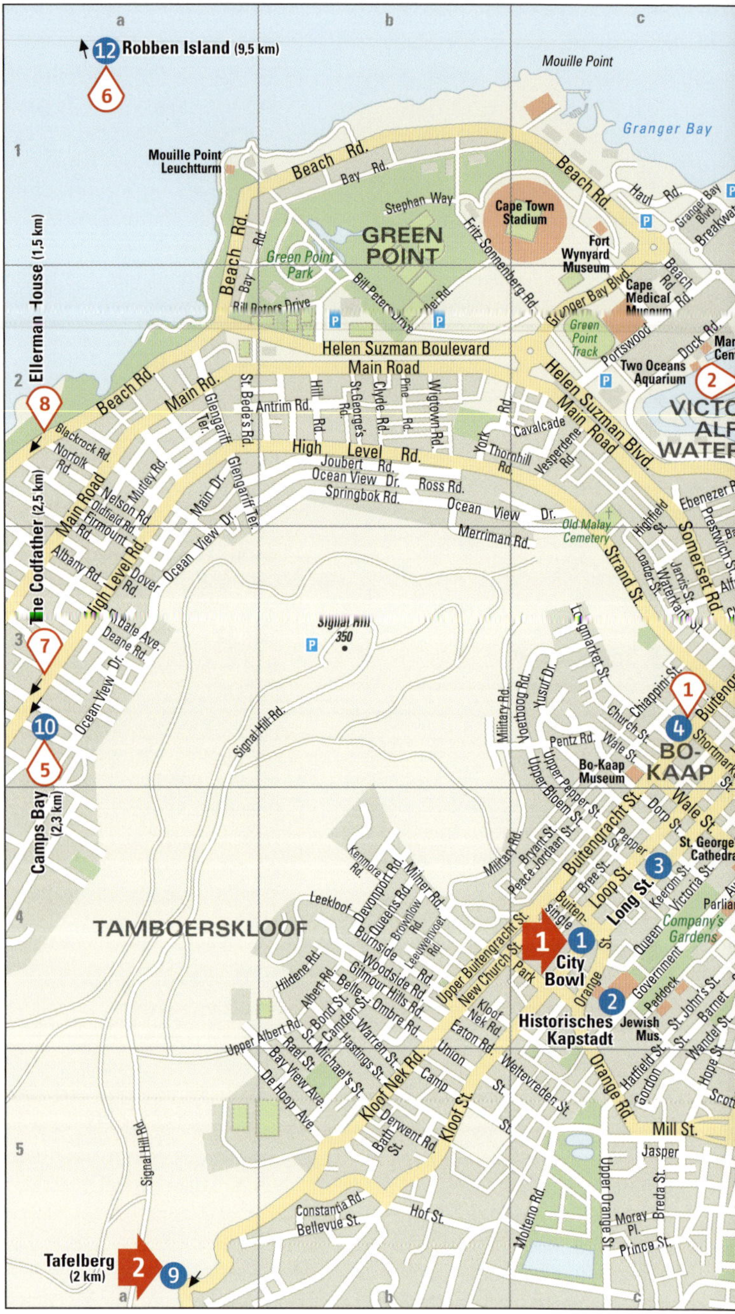
a
b
c
1
2
3
4
5
12 Robben Island (9,5 km)
6
Mouille Point
Granger Bay
Mouille Point Leuchtturm
Beach Rd.
Bay Rd.
Stephan Way
Cape Town Stadium
Beach Rd.
Haul Rd.
Granger Bay Blvd.
Breakwater
GREEN POINT
Green Point Park
Fritz Sonnenberg Rd.
Fort Wynyard Museum
Beach Rd.
Bay Rd.
Bill Peters Drive
Cape Medical Museum
Granger Bay Blvd.
Green Point Track
Portswood
Dock Rd.
Helen Suzman Boulevard
Main Road
Two Oceans Aquarium
2
Elleman House (1,5 km)
Beach Rd.
Main Rd.
Glengariff Ter.
St. Bede's Rd.
Antrim Rd.
Hill Rd.
St. George's Rd.
Clyde Rd.
Pine Rd.
Wigtown Rd.
York Rd.
Cavalcade
Thornhill Rd.
Vesperdene Rd.
Helen Suzman Blvd.
Main Road
8
Blackrock Rd.
Norfolk Rd.
High Level Rd.
Joubert Rd.
Ocean View Dr.
Springbok Rd.
Ross Rd.
Ocean View Dr.
Ebenezer Rd.
Main Road
Nelson Rd.
Oldfield Rd.
Firmount Rd.
Albany Rd.
Main Dr.
Glengariff Ter.
Ocean View Dr.
Merriman Rd.
Old Malay Cemetery
Highfield St.
Somerset Rd.
Prestwich St.
The Codfather (2,5 km)
High Level Rd.
Dover Rd.
Ocean View
Strand St.
Loader St.
Waterkant St.
Jarvis St.
Signal Hill
350
Sybale Ave.
Deane Rd.
Ocean View Dr.
7
Longmarket St.
Chiappini St.
1
Buitengracht
10
5
Signal Hill Rd.
Military Rd.
Voetboog Rd.
Yusuf Dr.
Church St.
Pentz Rd.
Wale St.
4
Shortmarket St.
BO-KAAP
Bo-Kaap Museum
Upper Pepper St.
Upper Bloem St.
Camps Bay (2,3 km)
Buitengracht St.
Dorp St.
Wale St.
Pepper St.
Bryant St.
Peace Jordaan St.
Military Rd.
Bree St.
Loop St.
Long St.
3
St. George's Cathedral
Keerom St.
Victoria St.
Parliament
Kenmore Rd.
Devonport Rd.
Milner Rd.
Queens Rd.
Brownlow Rd.
Leekloof
Burnside
Leeuwenvoet Rd.
TAMBOERSKLOOF
Buitensingle
Company's Gardens
Queen
1
1
City Bowl
Upper Buitengracht St.
New Church St.
Park
Orange
2
Government
Woodside Rd.
Hildene Rd.
Albert Rd.
Gilmour Hills Rd.
Belle Ombre Rd.
Bond St.
Camden St.
Kloof Nek Rd.
Historisches Kapstadt
Jewish Mus.
Paddock
St. John's St.
Barnet St.
Upper Albert Rd.
Rael St.
St. Michael's St.
Hastings St.
Warren St.
Eaton Rd.
Union St.
Weltevreden St.
Orange Rd.
Hatfield St.
Gordon St.
Wandel St.
Hope St.
Scott St.
Bay View Ave.
De Hoop Ave.
Camp St.
Kloof Nek Rd.
Kloof St.
Derwent Rd.
Bath St.
Mill St.
Jasper
Signal Hill Rd.
Molteno Rd.
Upper Orange St.
Breda St.
Constantia Rd.
Bellevue St.
Hof St.
Moray Pl.
Prince St.
Tafelberg (2 km)
2
9

Kapstadt
0 500 m
Breakwater
Table Bay
East Pier Rd.
Victoria Basin
South Arm Rd.
6 Zeitz MOCAA
3
Duncan Dock
Ben Schoeman Dock
Tanker Basin
Duncan Rd.
Dock Rd.
Alfred St.
Water Sisulu Ave.
Nelson Mandela Blvd.
CENTRAL
Heerengracht
D.F. Malan St.
Jan Smuts St.
Lutuli Ave.
Riebeek St.
Adderley St.
Civic Center
Hertzog Blvd.
Cape Town Railway Station
Old Marine Dr.
Oswald Pirow St.
FORESHORE
Small Craft Harbour
Sturrock Dock
Ocean Way
Vanguard
Alkmaar Rd.
Berrio Rd.
The Old Biscuit Mill (1 km)
Strand St.
Groote Kerk
The Grand Parade
Darling St.
Military Museum
The Castle of Good Hope
District Six Museum
Buitenkant St.
Barrack St.
Sir Lowry Rd.
New Market St.
Beach Rd.
Porter St.
Grey St.
4
7
8
Woodstock (0,5 km), Observatory (2 km)
Russell St.
Basket La.
Brook St.
Barron St.
Gympie St.
William St.
Wright St.
Church St.
Francis St.
Chapel St.
Trafalgar Park
Victoria Rd.
Muir St.
Hanover Rd.
Caledon St.
Canterbury St.
Constitution St.
Drury La.
Oester La.
Tennant St.
Keizergracht
Searle St.
Ravenscraig Rd.
Pine Rd.
Queens Rd.
Adelaide Rd.
Barton St.
Victoria St.
High St.
Hay Rd.
Roeland St.
Wesley St.
McKenzie Rd.
De Villiers St.
Constitution
ZONNEBLOEM (DISTRICT SIX)
Nelson Mandela Blvd.
Lever St.
Justisie St.
Fawley Ter.
Cauvin St.
Christiaan St.
Chester Rd.
Cambridge St.
Park Rd.
Coronation Rd.
De Waal Cr.
Upper Mill St.
Eden Rd.
Upper Cambridge St.
Beresford Rd.
Perth Rd.
Gardenia Ave.
Chelsea Ave.
Derry St.
Bella Donna Ave.
Kirstenbosch National Botanical Garden (6 km) 11
d
e
f
1
2
3
4
5
A
B
C
D
E
F
G
H
J
K
L
M

Schauen, shoppen, schlemmen: Die Waterfront ist Kapstadts Besuchermagnet Nr. 1

genannt, obwohl viele aus Afrika, Madagaskar, Indonesien, Indien und Sri Lanka stammen und nicht aus den niederländischen Kolonien im heutigen Malaysia. Das malerische Bo-Kaap mit den verwinkelten Gassen, kleinen Shops, Gewürzläden und farbenfrohen Häuserzeilen ist ein beliebtes Postkartenmotiv und ein Magnet für Touristen. Einige der geführten Touren ermöglichen den Besuch bei einer einheimischen Familie, die zu diesem Anlass kapmalaiische Leckereien auftischt. Sehenswert sind in dem Viertel auch das Bo-Kaap Museum in der Wale Street und die Auwal Mosque, die erste offizielle Moschee Südafrikas aus dem Jahre 1797, in der Dorp Street.

■ Bo-Kaap Museum, 71 Wale St, Tel. 021/481 39 38, www.iziki.org.za/museums/bo-kaap-museum, Mo–Sa 10–17 Uhr

■ Auwal Mosque, 43 Drop St, kein Zutritt

5 Victoria & Alfred Waterfront

| Einkaufsmeile |

2 *Schickes Shopping- und Lifestyle-Areal in der alten Hafenanlage*

Die Victoria & Alfred Waterfront, kurz Waterfront genannt, ist schon seit Jahren eine der Hauptattraktionen für Touristen. Das elegant aufgemöbelte ehemalige Werftgelände mit vielen historischen Gebäuden beherbergt heute edle Hotels, moderne Shoppingmalls und rund 50 Restaurants und Bars. Dazu gibt es Kinos, Kunstmärkte und das Two Oceans Aquarium. Neuestes Highlight ist das Zeitz MOCAA Museum für zeitgenössische afrikanische Kunst. Hauptanziehungspunkt für kauflustige Besucher ist die schicke Victoria Wharf Mall auf zwei Etagen, die keine Konsumwünsche offenlässt. Von dort geht es zu Fuß zum Amphitheater, wo häufig afrikanische

Musiker mit Liveauftritten für gute Stimmung sorgen. Sehenswert ist auch der Noble Square mit Bronzestatuen von vier südafrikanischen Nobelpreisträgern mit schönen Märkten für Kunsthandwerk in der Nähe. Unübersehbar und beliebtes Fotomotiv ist der Clock Tower an einer Drehbrücke, der 1882 als Büro des Hafenmeisters erbaut wurde. Gleich dahinter befindet sich der Nelson Mandela Gateway, von dem die Fähren nach Robben Island ablegen.

■ www.waterfront.co.za, Parkhäuser (ausgeschildert) sind vorhanden. Die Anfahrt ist auch mit dem MyCiti-Bus möglich.

6 Zeitz MOCAA

| Museum |

3 *Eines der angesehensten Museen für moderne afrikanische Kunst*

Besuchermagnet an der Waterfront ist das noch junge Zeitz MOCAA Museum (Museum of Contemporary Arts Africa) für zeitgenössische afrikanische Kunst. Ein nicht mehr genutztes Getreidesilo wurde entkernt und um einen Glasaufbau erweitert. Darin untergebracht ist u.a. die Kunstsammlung von Ex-PUMA-Chef Jochen Zeitz, der auch Mitnamensgeber des neuen Kulturtempels ist. Spektakulär ist das riesige Atrium, das einer Kathedrale gleicht. Mit einem gläsernen Aufzug geht es zu den Ausstellungen, die sich auf sieben Stockwerke verteilen. Im sechsten Stockwerk befindet sich ein Restaurant/Café mit hervorragendem Blick auf Tafelberg und Hafen. In den oberen Etagen ist das Silo Hotel (gesonderter Eingang) untergebracht, das eine tolle Rooftop-Bar hat.

■ V&A Waterfront, Silo District, South Arm Rd, Tel. 087/350 47 77, www.zeitzmocaa.museum

Im Blickpunkt

Die Kapmalaien – Nachfahren der Sklaven

Südafrika ist ein multikulturell geprägtes Land mit zahlreichen Bevölkerungsgruppen. Wenig bekannt ist, dass es mit den Kapmalaien auch eine eigenständige muslimische Gemeinde gibt, die sich aus Nachfahren von ehemaligen Sklaven zusammensetzt. Sie hat ihr Zuhause vor allem in Kapstadt und dort im Bo-Kaap-Viertel. Die Menschen wurden im 17. und 18. Jh. von der Holländisch-Ostindischen Handelskompanie als Sklaven vor allem aus Indonesien, Sri Lanka und Indien nach Südafrika verschleppt. Darunter war auch, so ist überliefert, Prinz Abdullah Kadi Abdus Salaam, der in Gefangenschaft auf Robben Island den Koran aus dem Gedächtnis niederschrieb und später als Leiter der muslimischen Gemeinde dafür sorgte, dass der Islam auch in der Fremde weiterlebte. Er gründete mit der Auwal Mosque die erste Moschee Südafrikas. Bekannt ist der Imam heute unter seinem Ehrentitel Tuan Guru. Er starb 1807 mit 95 Jahren und ist auf dem Friedhof Tana Buru Cemetry im Bo-Kaap begraben.

7 The Old Biscuit Mill

| Markt |

4 *Kunterbunte Mischung aus Wochenmarkt und Straßenfest*

Wer alternativ angehaucht und einem Öko-Lifestyle zugetan ist, wird sich in The Old Biscuit Mill im Stadtteil

Samstagsmarkt auf dem Gelände der Old Biscuit Mill, einer ehemaligen Keksfabrik

Woodstock wohlfühlen. In der ehemaligen Mühle aus dem 19. Jh. inmitten eines aufstrebenden Boheme-Viertels finden sich Galerien und kleine Boutiquen. Richtig was los ist immer am Samstag, wenn der Neighbourgoods Market stattfindet. Hier lässt sich sehr vortrefflich fürs Wochenende einkaufen. Es gibt dann frische Lebensmittel wie etwa Brot aus dem Ofen, Käse aus lokaler Produktion, verschiedene Biersorten, selbst gemachte Pestos, Kuchen, Kekse und Waffeln. Vor allem aber gleicht der Markt einem trubeligen Straßenfest. Die Marktbesucher sitzen in der Sonne, nehmen ein paar Drinks und kosten von den angebotenen Leckereien.

■ 373 Albert Rd, Woodstock, Sa 9–14 Uhr

8 Woodstock und Observatory

| Stadtviertel |

Das junge, alternative Kapstadt trifft man vor allem in den Stadtvierteln Woodstock und Observatory östlich des Stadtzentrums. Die ehemaligen Arbeiterviertel und Industriegebiete galten bis vor ein paar Jahren als No-go-Areas, entwickeln sich aber inzwischen zu den neuen Trendvierteln der Metropole. Galerien, Bioläden, Street-Art und Backpacker-Hostels bestimmen inzwischen das Bild. In Woodstock zieht jeden Samstag The Old Biscuit Mill mit ihrem Neighbourgoods Market Scharen von Leuten an, die eine Alternative zur geschniegelten Waterfront suchen. Woodstock ist obendrein für seine spannende Street-Art bekannt.

Observatory, kurz »Obs« genannt, ist ein lebendiges Studentenviertel mit Cafés, Bars und kleinen Geschäften vor allem entlang der Lower Main Road. In den Nebenstraßen wohnen viele Studenten und junge Leute in den winzigen, viktorianisch anmutenden Einfamilienhäusern. Wer eine hippe Szene schätzt, den neuesten Trends auf der Spur und obendrein kostengünstiger unterwegs sein möchte als im etablierten Kapstadt, ist hier richtig. Immer am ersten Samstag im Dezember findet das »Obs Festival« statt. Dann werden überall Tische und Stühle auf die Straße gestellt, und man lauscht gemeinsam den Liveklängen, die von Musikergrößen aus Kapstadt und Johannesburg auf die Bühne gebracht werden.

9 Tafelberg

| Aussichtspunkt |

2 *Ein mächtiges Massiv und Wächter über der Traumstadt*

Wichtigster Tipp für den Tafelberg: Sobald keine Wolken da sind und es die Windverhältnisse zulassen, sollte man sofort die Seilbahn nehmen und hinauffahren. Denn nicht selten müssen Kapstadt-Besucher auf dieses Top-Highlight verzichten, weil das Wetter nicht mitspielt. Wer es geschafft hat, auf dem Plateau mehr als 1000 m oberhalb der Stadt steht und auf Mothercity herabschaut, wird mit einem unvergesslichen Anblick belohnt. Ganz Kapstadt liegt einem zu Füßen, und wie auf einem Stadtplan lassen sich viele der Attraktionen, wie die Waterfront, das Fußballstadion von 2010, das Bo-Kaap-Viertel, das Zentrum mit Company's Garden, die Strände und Promenaden von Green Point, Sea Point, Clifton Bay und Camps Bay und die noblen Küstenorte, ausfindig machen. Auf dem Gipfel gibt es ein Restaurant und befestigte Wege, die zu den verschiedenen Aussichtspunkten führen. Die Seilbahn, die bereits seit 1929 im Einsatz ist und sich während der Fahrt einmal um 360 Grad dreht, ist die bequemste Art, um den Tafelberg zu erobern. Alternativ gibt es zahlreiche Wanderwege verschiedener Länge, die nach oben führen. Mit vier Stunden mindestens muss man rechnen, eine gute Kondition ist dafür schon erforderlich.

■ Seilbahnstation: Table Mountain Rd, Tel. 021/424 81 81, www.tablemountain.net (Buchung online möglich), Mo–So 8–18 bzw. 21.30 Uhr (je nach Jahrezeit), rund 300 Rand. Da es schwierig ist, einen Parkplatz nahe der Talstation zu bekommen, bietet sich die Anfahrt mit Bus oder Taxi an.

10 Camps Bay

| Strand |

5 *Schicke Uferpromenade – sehr angesagt bei jungen Leuten*

Seapoint, Fresnaye, Bantry Bay und schließlich Camps Bay – wie auf einer Perlenschnur aufgefädelt reihen sich die beliebten Stadtviertel mit Meerblick an der Atlantikküste aneinander. Vor allem in der Vorzeigebucht Camps Bay, die auch mit dem Hop-on-hop-off-Bus erreichbar ist, treffen sich die Betuchten und Schönen und lassen mit Blick aufs Meer den Tag vorübergehen. Wer in Kapstadt den Easy way

ADAC *Mittendrin*

Jeden ersten Donnerstag im Monat streifen Kunstliebhaber in den Abendstunden durch das Zentrum von Kapstadt. Immer zu diesem Termin öffnen zahlreiche **Kunstgalerien** nach Feierabend ihre Türen und laden zum Stöbern, Diskutieren und natürlich zum Kaufen ein. Wer sich einen Überblick über die vielseitige Kunstszene in der Mothercity verschaffen möchte, sollte das nicht verpassen. Das Event ist kostenfrei. Jeder kann nach seinem eigenen Tempo und Interesse auf Streifzug gehen.
www.first-thursdays.co.za

Gefällt Ihnen das?

Wer es liebt, durch die blühenden Gärten von **Kirstenbosch** zu schlendern, sollte unbedingt einmal im europäischen Herbst nach Südafrika reisen. Eindrucksvollste Station ist dann das **Namaqualand** (siehe S. 36) an der Westcoast. Hier zeigen im südafrikanischen Frühling die Blumen ihre ganze Pracht, und Blütenteppiche bis zum Horizont überziehen die Landschaft. Ein Schauspiel, das auch Einheimische immer wieder in Verzückung geraten lässt.

of life genießen möchte, ist hier richtig. Der weiße, feinsandige Strand zu Füßen einer malerischen Bergkette namens »Twelve Apostles« lockt vor allem an Wochenenden und zu Ferienzeiten Erholungssuchende an. Dank der geschützten Lage ist das Meer vergleichsweise ruhig und lädt zum Baden ein. Für Kinder gibt es einen geschützten Meerwasserpool. Camps Bay besitzt außerdem eine schöne Uferpromenade mit Cafés, Bistros, Restaurants und Bars – alles schick und trendy. Vor allem abends trifft man sich hier, um zu sehen und gesehen zu werden. Auch aus dem benachbarten Clifton, das tolle Strände, aber keinen Platz für eine Uferpromenade hat, strömen die Leute zum geselligen Beisammensein nach Camps Bay.

11 Kirstenbosch National Botanical Garden

| Botanischer Garten |

Kapstadt wartet mit Attraktionen für alle Vorlieben auf: Neben Meer, Bergen, Kultur und Lifestyle kommen auch Natur- und Gartenfans nicht zu kurz. Hauptanziehungspunkt ist der Kirstenbosch National Botanical Garden – eine vor mehr als 100 Jahren vom Botaniker Henry Pearson angelegte Parkanlage mit einheimischen Gewächsen wie Heidekräutern, Palmfarnen und Sukkulenten. Der 530 ha große Garten erstreckt sich an den Osthängen des Tafelbergs und lässt sich auf zahlreichen Wanderwegen durch eine einmalige Fynbos-Vegetation erkunden. Es gibt ein Schauhaus mit afrikanischen Sukkulenten und Kakteen, ein Besucherzentrum, einen Buch- und Souvenirshop, ein Restaurant sowie eine Cafeteria. Kirstenbosch ist ein wunderbar idyllischer Ort, der vor allem am Wochenende von Captonians mit riesigen Picknickkörben aufgesucht wird. Im Sommer finden hier regelmäßig – meist sonntags – Freiluftkonzerte statt.

■ Kirstenbosch, Tel. 021/799 87 82, www.sanbi.org/gardens/kirstenbosch, Sept.–März tgl. 8–19, April–Aug. tgl. 9–17 Uhr, Besucherzentrum Tel. 021/799 88 00

12 Robben Island

| Museum |

6 *Eindrucksvolles Denkmal aus der Zeit der Apartheid*

Kaum ein anderer Ort ist so eng mit der jüngeren Geschichte Südafrikas verbunden wie die Insel Robben Island in der Tafelbucht. Hier verbrachte Freiheitskämpfer und Friedensnobelpreisträger Nelson Mandela 18 seiner 27 Jahre in Gefangenschaft. Der spätere Präsident des Landes war in Zelle Nr. 5 untergebracht, heute eine Pilgerstätte für Touristen wie für Südafrikaner. Die Besuchertouren auf der Insel, die seit 1999 Weltkulturerbe ist, finden unter der Führung von ehemaligen Häftlingen statt, die sehr authentisch

Im Blickpunkt

Nelson Mandela und der Widerstand gegen die Apartheid

Die jüngere Geschichte Südafrikas ist untrennbar mit der jahrelangen Apartheidherrschaft der weißen über die nicht weiße Bevölkerung verbunden. Die Apartheid als ein System der krassen Ausgrenzung, Unterdrückung und Ausbeutung wurde 1990/91 offiziell abgeschafft, im Jahr 1994 fanden die ersten freien Wahlen statt. Doch noch immer prägt dieses dunkle Kapitel der Geschichte das Handeln und Denken in Südafrika und ist tief im Bewusstsein der Bevölkerung mit ihren multikulturellen Wurzeln verankert.
Erste Apartheidgesetze, die der schwarzen und farbigen Bevölkerung gesellschaftliche, wirtschaftliche und politische Rechte weitestgehend aberkannten, wurde bereits Anfang des 20. Jh. erlassen. Im Laufe der Jahre nahmen sie an Schärfe zu. Gemischte Ehen wurden verboten, Nicht-Weiße wurden in Townships verbannt, es gab separate Strände, Busse, Krankenhäuser, Schulen und sogar Parkbänke. Parallel formierte sich ein schwarzer Widerstand, der seine Organisation vor allem im African National Congress (ANC) fand. 17 Mitglieder der ANC-Untergrundorganisation wurden im Juli 1963 verhaftet, darunter auch der ANC-Vorsitzende Nelson Mandela, der 1964 zu lebenslanger Haft verurteilt wurde. Die Apartheidgesetze wurden in den Folgejahren immer vehementer durchgesetzt. 1976 kam es zu Schüler- und Studentenprotesten in Soweto, die blutig niedergeschlagen wurden. 1977 wurde der schwarze Bürgerrechtler Steve Biko von der Sicherheitspolizei in der Haft misshandelt und starb in der Folge.
Die internationale Meinung wandte sich nun zunehmend gegen die weiße Apartheidregierung, und es begann ein Umdenken. Präsident Frederik de Klerk schaffte 1990/91 die Apartheidgesetze ab und ließ Nelson Mandela aus dem Gefängnis frei. 1993 erhielten de Klerk und Mandela für ihre Politik der Versöhnung den Friedensnobelpreis. Nach der ersten freien Wahl 1994 wurde Mandela der erste schwarze Präsident Südafrikas. In seiner Rede »Endlich frei!« erklärte er: »Es ist an der Zeit, die alten Wunden zu heilen und ein neues Südafrika aufzubauen.«

ADAC *Mobil*

Auch in Kapstadt sind die aus anderen Metropolen bekannten **Hop-on-hop-off-Busse** unterwegs. Damit geht es einfach, preiswert und ohne große Vorausplanungen zu den wichtigsten Stationen. Der Service wird täglich von 8–19 Uhr angeboten. Es gibt mehrere Routen. Eine der Hauptrouten ist die »Red City Tour«. An dieser Strecke gibt es elf Haltepunkte, darunter die Waterfront (Ticketverkauf), Zentrum/Long Street (Ticketverkauf), Seilbahnstation Tafelberg und Camps Bays. Beliebt ist auch die »Blue Mini Peninsula Tour« mit 14 Haltestellen, darunter Waterfront (Ticketverkauf), Kirstenbosch Garden, Hout Bay und Camps Bay.

von ihren Erlebnissen und den harten Haftbedingungen auf der damaligen Gefängnisinsel erzählen. Die Touren starten am Nelson Mandela Gateway an der Victoria & Alfred Waterfront und dauern insgesamt vier Stunden, wobei die jeweils 30-minütigen Fährfahrten schon mit eingerechnet sind.

■ Die Fähre startet vom Nelson Mandela Gateway am Clock Tower an der Victoria & Alfred Waterfront, Tel. 021/409 51 00, www.robben-island.org.za., Mo–So stdl. 9–15, in der Hochsaison bis 17 Uhr, 250 Rand, Vorbuchung empfohlen

Verkehrsmittel

Wie überall in Südafrika gilt auch in Kapstadt das eigene Auto beziehungsweise der Mietwagen als Transportmittel Nummer eins. Allerdings kann Kapstadt als einzige Stadt des Landes inzwischen Alternativen bieten. Seit der Fußball-Weltmeisterschaft gibt es das öffentliche MyCiti-Nahverkehrsnetz (myciti.org.za). Auf wichtigen Routen verkehren moderne Busse mit vielen Haltestellen in regelmäßigen Abständen. Zum Teil fahren sie auf eigenen Spuren, sodass man zu Stoßzeiten schneller vorankommt als mit dem Auto. Weiterhin gibt es Gemeinschaftstaxis ohne feste Haltestellen, die aber aus Sicherheitsgründen nicht zu empfehlen sind. Auch der öffentliche Bahnverkehr sollte nur auf bestimmten Strecken genutzt werden. Eine Alternative ist das Taxi oder inzwischen Uber, ein Dienst, der in der letzten Zeit stark an Bedeutung gewonnen hat. Vom Kapstädter Flughafen kann man ein Taxi oder den MyCiti-Flughafen-Shuttle nehmen, falls man nicht direkt am Airport seinen Mietwagen übernimmt.

P Parken

In Kapstadt gibt es ausgewiesene Parkbuchten, deren Bezeichnung häufig mit Farbe aufgepinselt an der Bordsteinkante steht. In der Nähe findet sich dann ein Automat, der mit Münzen von 20 Cent bis zwei Rand zu füttern ist, häufig wird aber nur eine ADO-Cash-Card akzeptiert. Falschparker bekommen eine Parkkralle angelegt oder werden abgeschleppt. Häufig trifft man auf – teils selbsternannte – Parkwächter, die beim Einparken helfen und erklären, das Auto zu bewachen. Die meisten Einheimischen akzeptieren das und geben beim Wegfahren ein oder zwei Rand. In der Innenstadt gibt es bewachte Parkplätze oder Parkhäuser. An der nahen Waterfront sind meist ausreichend Plätze im zugehörigen Parkhaus vorhanden.

Restaurants

€ | Biesmiellah Kleines Restaurant mit authentischer und sehr guter kapmalaiischer Küche zu günstigen Preisen. Es gibt ein Take-Away, aber keinen Alkohol. ■ 1 Upper Wale St, Bo Kaap, Tel. 021/423 08 50, www.biesmiellah.co.za

€ | The Blue Peter Den besten Blick auf den Tafelberg hat man von Bloubergstrand und Big Bay. Einer der schönsten Plätze, um ihn zu genießen, ist The Blue Peter. Hier sitzen gern Kapstädter in Feierabendlaune mit einem Glas Wein und einem Stück Pizza auf der Wiese und erfreuen sich an dem großartigen Ausblick. ■ 7 Popham St, Tel. 021/554 19 56, www.bluepeter.co.za, tgl. 12–22 Uhr

7 **€–€€ | The Codfather** Sehr beliebtes und schon viele Jahre etabliertes Restaurant in Camps Bay mit einer großen Auswahl an frischem Fisch und Sushi. Der Gast wählt an Kühltheken seinen Fisch aus, der anschließend zubereitet und mit Beilagen nach Wunsch serviert wird. ■ 37 The Drive, Camps Bay, Tel. 021/438 07 82, www.codfather.co.za, Mo–So ab 12, Dinner ab 19 Uhr

€€ | Mama Afrika Vor allem bei ausländischen Kapstadt-Besuchern beliebtes Restaurant mit traditionellen afrikanischen Speisen, die in einer Boma zubereitet werden. Oft Livemusik. ■ 178 Long St, City Bowl, Tel. 021/426 10 17, www.mamaafricarestaurant.co.za, Mo–Sa 18.30–24 Uhr

Cafés

Belmond Mount Nelson Hotel Legendär in Kapstadt ist der Afternoon Tea, der im Belmond Mount Nelson Hotel angeboten wird. Minisandwiches ganz im englischen Stil, köstliche Kuchen und eine große Auswahl an Teesorten werden in der Lounge,

Ein Besuch des einstigen Gefängnisses auf Robben Island ist ein eindrückliches Erlebnis

auf der Terrasse oder rund um den Springbrunnen serviert. ■ Belmond Mount Nelson Hotel, 76 Orange St, Gardens, Tel. 021/483 10 00, www.belmond.com, tgl. 13–15 und 15.30–17.30 Uhr

Einkaufen

Pan African Market Hier wird afrikanisches Kunsthandwerk aus allen Teilen des Kontinents in einem mehrstöckigen Gebäude angeboten. Es gibt Holzschnitzereien, Masken, Musikinstrumente, Stoffe und vieles mehr zu moderaten Preisen. ■ 76 Long St, City Bowl

Kneipen, Bars und Clubs

169 On Long Beliebter Partytreff im Stil einer New Yorker Disco mit Laserillumination. Gespielt werden Hip-Hop, Rhythm 'n' Blues und Funk. Gemischtes Publikum, Dresscode: smart casual. ■ 169 Long St, City-Bowl, Tel. 021/426 11 07, Mi, Fr, Sa ab 22 Uhr

Daddy Cool Bar Stylishe Bar, die zu dem Hotel Grand Daddy gehört. Hier leben die 1980er-Jahre wieder auf mit den weißen Ledersesseln, goldenen Tapeten und dem Discokugel-Ambiente. Außerdem gibt es die originelle Sky Bar auf dem Dach. ■ 38 Long St, Grand Daddy Hotel, Tel. 021/424 72 47, www.granddaddy.co.za

Kinder

Kinder lieben Tiere – insbesondere dann, wenn man ihnen nahe kommen kann. Happy sind sie deshalb im Two Oceans Aquarium an der Waterfront. Hier können Meeresbewohner bestaunt werden, die rund um die Kaphalbinsel in den Wellen zu Hause sind. Vor allem die Pinguine und Schildkröten lassen die Herzen der Kleinen höherschlagen. Dazu gibt es ein Becken, in dem ausgewählte Meerestiere sogar angefasst werden können. ■ www.aquarium.co.za

2 Kaphalbinsel und Kapspitze

Information

■ Cape Town Tourism, Ecke Burg und Castle St, Kapstadt, Tel. 086/132 22 23, www.capetown.travel

3 *Legendäres Kap, üppige Natur und spektakuläre Ausblicke*

Kapstadt ist eine Schönheit mit vielen Attraktionen – und doch: Wer an das Ende des afrikanischen Kontinents reist, will unbedingt das Kap der Guten Hoffnung sehen, das von vielen Seefahrerlegenden umrankt ist. Dass dieses Cape of Good Hope nicht die einzige »südlichste« Landspitze auf der Kaphalbinsel ist und der tatsächlich südlichste Punkt Afrikas 150 km entfernt liegt, tut diesem Wunsch keinen Abbruch. Und so pilgern alle zum Kap der Guten Hoffnung, um zumindest ein Foto von dem weltbekannten Hinweisschild als Trophäe mit nach Hause zu nehmen. Doch nicht nur der symbolischen Bedeutung wegen lohnt eine Fahrt auf die Kaphalbinsel, die »Cape Peninsula«. Der rund 40 km lange Inselfinger besteht aus einer dramatischen Bergkette, die zum Kap hin abfällt. Im Westen am Atlantik und im Osten am Indischen Ozean reihen sich herrliche Sandstrände, malerische Buchten und mehrere kleine Fischerorte aneinander. Die Berghänge sind fast komplett mit der immergrünen

Fynbos-Vegetation überzogen. Es gibt mehr als 100 Arten – von winzig klein bis baumgroß. Auch in Europa bekannt ist die Protea, vor allem die Königsprotea mit bis zu 20 cm großen Blüten. Cape Peninsula ist überdies ein Wanderparadies. Vor allem rund um Hout Bay gibt es wunderbare Wege durch die Natur – immer mit spektakulären Blicken auf das in der Tiefe liegende Meer.

Sehenswert

Chapman's Peak Drive

| Panoramastraße |

Er gilt als eine der schönsten Küstenstraßen der Welt: der Chapman's Peak Drive, der rund 10 km lang von Hout Bay bis Noordhoek führt und den man auf seinem Weg von Kapstadt zum Kap der Guten Hoffnung nehmen kann – und sollte! Zwischen 1915 und 1922 wurde die Straße rund 150 m über dem Meer und 450 m unter den Berggipfeln in den Stein geschlagen. An vielen Stellen fällt der Fels beinahe senkrecht in den Ozean ab, und so öffnen sich viele atemberaubende Ausblicke auf die mächtigen Atlantikwellen, die sich gischtsprühend tief unten an den Klippen brechen. Damit sich jeder an dieser Szenerie ausgiebig erfreuen kann, gibt es zahlreiche Parkplätze und Haltebuchten, die sich für einen kurzen Stopp oder auch einen längeren Picknickaufenthalt anbieten. Die Trasse wurde zwar vor einigen Jahren umfangreich erneuert, doch immer noch können Steinschläge die Fahrt behindern. Wenn der Chapman's Peak Drive gesperrt werden muss, was vor allem in regenreichen Wintermonaten passieren kann, weisen Schilder in Hout Bay und Noordhoek darauf hin. Die Strecke ist übrigens mautpflichtig, doch das lohnt sich allemal.

■ Einfache Strecke: 50 Rand pro Pkw

114 Kurven auf zehn Kilometern hoch über dem Meer: der Chapman's Peak Drive

Kap der Guten Hoffnung

| Aussichtspunkt |

Wer Kapstadt besucht, wird sich eine Fahrt zum Kap der Guten Hoffnung nicht entgehen lassen. Dieses ist weltweit bekannt, doch eigentlich gibt es zwei Kaps: das Cape of Good Hope und den etwas weiter östlich gelegenen Cape Point. Beide Landspitzen liegen im Table Mountain National Park. Der Weg dorthin führt auf dem Chapman's Peak Drive, einer spektakulären Küstenstraße, die von Kapstadt aus gen Süden geht. Links erhebt sich das Tafelbergmassiv, rechts glitzert der Ozean in der Tiefe. Der Ausflug geht meist erst zum Cape Point, einem 250 m hohen Kliff, das auf der Spitze einen Leuchtturm trägt. Das half den früheren Seefahrern allerdings nicht immer: Vor dem Kliff liegen zahlreiche Schiffswracks auf dem Grund und erzählen von den schwierigen Wetterbedingungen an diesem Ort, die vielen Schiffen zum Verhängnis wurden. Zum Cape Point Peak mit dem Leuchtturm führt eine Zahnradbahn. Wer fit ist, nimmt die 120 Treppenstufen. Von oben hat man einen guten Blick auf die Kapspitze. Das weltweit bekanntere Kap der Guten Hoffnung liegt westlich von Cape Point. Dorthin gelangt man auf einem einstündigen Wanderweg oder bequem mit dem Auto. Optisch ist hier wenig zu entdecken. Die meisten Besucher begnügen sich mit einem »Beweis«-Selfie vor dem berühmten Hinweisschild.

Boulders Beach

| Strand |

Ein Höhepunkt auf einer Tour um die Kaphalbinsel ist Boulders Beach zwischen Simon's Town und Cape Point, der Teil des Table Mountain National Parks ist. Der Strandabschnitt ist berühmt für seine Kolonie von Brillenpinguinen, die hier wie nur selten sonst

Früher gefürchtet, heute ein beliebtes Ziel: das Kap der Guten Hoffnung

aus großer Nähe in ihrer natürlichen Umgebung beobachtet werden können. Holzstege führen zu dem von sehr eindrucksvollen Granitfelsen umsäumten Beach, auf dem sich bis zu 3000 Brutpaare tummeln. Die Tiere sind recht zutraulich, dürfen aber auf keinen Fall angefasst werden, zumal ihr Schnabel scharf wie eine Rasierklinge ist. Der nahe gelegene Ort Simon's Town mit seinen viktorianischen und kapholländischen Häusern lädt nach dem Naturerlebnis zu einer Erholungspause in einem der netten Cafés oder Restaurants ein.

3 Westcoast

Wilde Küste, Blütenteppiche im Frühling und zwei wunderschöne Nationalparks

i Information

- Cape Town Tourism, Ecke Burg und Castle St, City Bowl, Kapstadt, Tel. 021/487 68 00, www.capetown.travel
- Cape West Coast Tourism Board, 58 Long St, Moorreesburg, Tel. 022/433 23 80

Die meisten Südafrika-Besucher, die von Kapstadt aus zu einer Rundreise starten, fahren gen Osten Richtung Garden Route, vielleicht noch mit einem Schlenker durch die Winelands. Die Atlantikküste im Westen bleibt buchstäblich links liegen – einerseits schade, andererseits ein Glück, denn so haben die wenigen Besucher diese wunderbare, wenn auch raue Region oft für sich alleine. Die Westcoast zeigt zwei Gesichter: ein liebliches mit weißen, scheinbar endlosen Sandstränden, Dünenketten und fast immer makellos blauem Himmel – und ein herbes, denn hier weht ständig ein kräftiger, oft stürmischer Wind, das Wasser ist kalt, und heftige Wellen schlagen an den Strand. Haupterwerbsquelle an der Westcoast ist der Fischfang. Der dortige kalte Benguelastrom bringt Plankton und damit reichlich Nahrung für die Meerestiere. Touristen finden entlang der Küste hervorragende Fischlokale, idyllische Fischerorte wie Langebaan und Paternoster sowie im Frühling nach den Winterregenfällen ein leuchtendes Farbenmeer, denn dann blühen überall die Wildblumen.

ADAC *Wussten Sie schon?*

Südlich von Kapstadt gibt es zwei Kaps: Cape Point und Cape of Good Hope. Doch es kommt noch besser: Keine von beiden Landspitzen markiert wirklich den südlichsten Punkt Afrikas. Dieser liegt nämlich rund 150 km weiter im Südosten am **Cape Agulhas.** Dort, so haben die Wissenschaftler festgestellt, treffen Indischer Ozean und Atlantik in Wahrheit aufeinander. Für die früheren Seefahrer war allerdings immer Cape of Good Hope der Wendepunkt. Hatte man dieses »Kap der Stürme« umrundet, war der gefährlichste Teil der Fahrt geschafft.

Sehenswert

West Coast National Park
| Nationalpark |
Oft zeigt sich die Westcoast kalt und stürmisch – eine Ausnahme bildet Langebaan mit einer geschützten Lagune, die zu Wassersport und im Sommer auch zum Baden einlädt. Der

südliche Part der Lagune wurde zum West Coast National Park erklärt und ist eines der schönsten und größten Feuchtgebiete des Landes mit Salzmarschen und weiten Strandgebieten. Vor allem Vogelliebhaber kommen auf ihre Kosten. Rund 250 Vogelarten können Ornithologen im West Coast National Park beobachten, darunter Kormorane, Kaptöpel, Möwen, Flamingos, Sichelstrandläufer und Austernfischer. Im Südsommer kommen außerdem zahllose Zugvögel, um hier zu überwintern. Bei Bootstouren auf dem Meer sieht man Seehunde und Pinguine, an Land Strauße, Zebras und viele Antilopenarten wie Oryx und Kudu. Der Park kann auf ausgedehnten Wanderungen oder per Kanu entdeckt werden. Bekannt ist der Nationalpark auch für seine Wildblumen, die im südafrikanischen Frühling in voller Blüte stehen.

■ West Coast National Park, Tel. 022/772 21 14 oder South African National Parks, Tel. 012/428 91 11, www.sanparks.org

Namaqua National Park

| Nationalpark |

Jedes Jahr, etwa zwischen Juli und Oktober, im südafrikanischen Frühling, verwandelt sich das karge und trockene Namaqualand im Norden der Westküste in ein leuchtendes Blumenmeer, als hätte ein Maler im Farbenrausch einen Paradiesgarten auf die Leinwand bannen wollen. Zarte Blümchen in Himmelblau, Sonnenblumengelb und leuchtendem Orange überziehen dann das Land wie ein riesiger Teppich. Da zeigen sich Margeriten, Ringelblumen, Aloen, Lilien und auch die für diese Gegend typischen Sukkulenten, winzig kleine Pflanzenknöpfchen, die sich in haarrissfeine Felsspalten drücken. Hügelauf und hügelab blüht es – ein Spektakel, das zahlreiche Besucher anzieht. Das Timing ist allerdings kompliziert, denn ganz genau kann niemand vorhersagen, wann der Höhepunkt erreicht ist. Hilfreich ist deshalb die offizielle »Flower Hotline« (079/294 72 60), die aktuell über den

Eine Landschaft wie gemalt: ein Meer von Blüten im Namaqua National Park

Stand der Blüte informiert. Mehr als 4000 Pflanzenarten wachsen in der Region, die meisten stehen unter Naturschutz und dürfen nicht gepflückt werden. Das Gebiet ist bereits seit dem Jahr 1988 als Naturreservat ausgewiesen und wurde 2002 in seiner jetzigen Ausdehnung zum Nationalpark erklärt. Zusätzlich zu der Blütenpracht kann man im Namaqua National Park u.a. seltene Löffelfüchse, Schakale und Paviane in ihrer natürlichen Umgebung beobachten.

■ South African National Parks, Tel. 012/428 91 11, www.sanparks.org

Restaurants

€–€€ | **Die Strandloper** Legendäres Open-Air-Restaurant mit fangfrischem Fisch. Gegessen wird am Strand in maritim gestalteten Zelten. Zum Dessert gibt es traditionelles Koeksisters-Gebäck und Kaffee gratis. ■ 7357 Langebaan, Tel. 083/227 71 95, www.strandloper.com, Mi, Fr–So 12–15, Fr, Sa auch 18–21.30 Uhr

4 Cape Karoo

Weite Landschaften, ein grandioser Sternenhimmel und kleine Städtchen

Information

■ Cape Town Tourism, Ecke Burg und Castle St, City Bowl, Kapstadt, Tel. 021/487 68 00, www.capetown.travel

■ Cape Nature Headoffice, Ecke Bosduif und Volstruis St, Kapstadt, Tel. 087/087 82 50, www.capenature.co.za

Reist man von Kapstadt nach Norden, gelangt man im Landesinneren in die Große Karoo, eine Halbwüste mit faszi-

Im Blickpunkt

Nationalgetränk Rooibos-Tee

Rooibos-Tee, auch Rotbusch-Tee genannt, gehört mittlerweile auch in Europa zum Standardsortiment in den Supermärkten. Die wenigsten wissen, dass Rooibos ausschließlich im südafrikanischen Westkap in der Gebirgsregion um Clanwilliam und Nieuwoudtville gedeiht. Es handelt sich um eine ginsterartige Fynbos-Pflanze, die auch heute noch von Hand gesät und geerntet wird. Der koffeinfreie Rooibos-Tee, der einen hohen Mineraliengehalt aufweist, gilt in Südafrika als eine Art Nationalgetränk und wurde schon von den Ureinwohnern des Landes als Heiltee genossen.

Im Blickpunkt

Die Ureinwohner: San

Die San sind die eigentlichen Ureinwohner Südafrikas. Sie waren Nomaden, die immer dorthin zogen, wo es Tiere zu jagen und Pflanzen zu ernten gab. Um Beute zu erlegen, nutzten sie die Ausdauerjagd: Die Tiere wurden durch Giftpfeile geschwächt und dann – oft über viele Stunden – gehetzt, bis sie entkräftet zusammenbrachen. Schon vor rund 2000 Jahren wurden die San erstmals von den Khoikhoi in ihrem Lebensraum bedrängt. Später kamen Bantuvölker und europäische Einwanderer und vertrieben sie in immer unwirtlichere Gegenden. Gab es einst 300 000–400 000 San im südlichen Afrika, sind es heute nur noch rund 100 000. Vom früheren Leben der San erzählen ihre Felsmalereien, die man vor allem in den Drakensbergen, in Soutpansberg und den Cederbergen findet. Die ältesten der dargestellten Jagd-, Tanz- und Tierszenen sollen mehr als 26 000 Jahre alt sein.

nierenden Sonnenuntergängen und einem grandiosen Sternenhimmel. Karoo bedeutet in der Sprache der Ureinwohner »Land des Durstes«. Das trockene, weite Hochland nimmt rund ein Drittel des südafrikanischen Staatsgebiets ein und ist durchzogen von archäologischen Stätten, Fossilien und Felszeichnungen der San, die hier früher auf Jagd gingen. Die Weite der Landschaft, eine faszinierende Fauna und Flora, wunderbare Wanderregionen und reizvolle Städtchen, in denen die Zeit stehen geblieben scheint, machen den besonderen Reiz dieser Region aus. Nördlich von Kapstadt lohnt vor allem die Cederberg Wilderness Area mit spektakulären Gesteinsformationen, blühender Fynbos-Vegetation und Felsenmalereien einen Besuch. Ausgangspunkte für Erkundungen sind die Örtchen Citrusdal und Clanwilliam. Wer die Karoo weiter gen Osten fährt, gelangt zu den sehenswerten Orten Matjesfontein, Prince Albert und Beaufort West, das direkt am landschaftlich schönen Karoo National Park mit Büffeln, Nashörnern, Zebras und anderen Wildtieren liegt. In der Karoo und besonders im Karoo National Park stößt man auf zahlreiche Fossilienfunde, von denen einige rund 300 Mio. Jahre alt sein sollen. Sie stammen aus einer Zeit, als das Gebiet von einem gigantischen Binnenmeer bedeckt war.

Sehenswert

Cederberg Wilderness Area

| Naturschutzgebiet |

Nur rund drei Autostunden nördlich von Kapstadt fühlt man sich in der Cederberg Wilderness Area wie in einer anderen Welt. Wind und Wetter haben den roten Sandstein zu bizarren Felsformationen geschliffen, hier wachsen seltene Schnee-Proteen, und knorrige Clanwilliam-Zedern krallen sich in den felsigen Boden. Man stößt auf Felsenzeichnungen der San, kann Paviane über die Felsen jagen sehen oder kleine Antilopen, die sich scheu hinter Büschen verstecken. Die Cederberge gelten als eines der schönsten Naturgebiete im Westkap. Ein weitverzweigtes Netz aus Wanderwegen macht Naturfreunden diese atemberaubende Landschaft zugänglich. Zwei beliebte Routen führen zu zwei außergewöhnlichen Gesteinsformationen, dem 20 m hohen »Maltese Cross« und dem wie ein Bogen geformten »Wolfberg Arch«. Man erreicht die Cederberge von Kapstadt aus auf der N7. Sie erstrecken sich nahe der Schnellstraße zwischen den Ortschaften Citrusdal und Clanwilliam. Clanwilliam ist überdies das Zentrum der Rooibos-Industrie und eine der ältesten Städte Südafrikas. Bereits Anfang des 18. Jh. siedelten hier die ersten kapholländischen Farmer an den Ufern des Olifants River. Von dieser Zeit erzählen zahlreiche Exponate im Clanwilliam Museum im alten Gefängnis, dem »Ou Tronk«. U. a. sind alte Voortrekker-Wagen zu sehen. Interessant ist auch die Dokumentation der Historie des Ortes sowie des dortigen Rooibos-Anbaus.

■ Cederberg Tourism Office, Tel. 027/482 20 24, www.cederberg.com

Einkaufen

Clanwilliam ist der perfekte Ort, um Rooibos-Produkte zu erwerben. Eine riesige Auswahl an Tees und Kosmetikwaren hat der Rooibos Ltd. Shop. ■ 4 Voortrekker St, Clanwilliam, Tel. 027/482 21 55, www.shop.rooibosltd.co.za, Mo–Fr 9–17 Uhr

In der Cederberg Wilderness Area findet man spektakuläre Felsformationen

Übernachten

Wen wundert es – aber in Kapstadt warten natürlich sehr viele und sehr charmante Unterkünfte auf Besucher aus allen Erdteilen. Das Preisniveau hat in den vergangenen Jahren deutlich angezogen und liegt höher als sonst im Land. Die Bandbreite ist riesig, von der kleinen Pension oder der Airbnb-Bleibe bis zum absoluten Nobelhotel ist alles zu haben. Von der Lage ideal sind Unterkünfte in der City Bowl, vielleicht sogar direkt an der Waterfront, für alle, die abends ohne Auto unterwegs sein wollen. An der Westcoast und in der Karoo ist die Hoteldichte deutlich niedriger, doch es finden sich auch dort einige wunderbare Häuser.

Kapstadt 18

€–€€ | Bergzicht Guest House Am Fuß von Signal Hill und Lion's Head gelegen, ist das Guesthouse ein toller Standort mit Blick auf den Tafelberg und die Stadt. Die wichtigsten Attraktionen liegen in der Nähe. Es gibt zehn individuell eingerichtete Zimmer, ein sehr gutes Frühstück und einen Garten mit Swimmingpool. ■ 5 Devenport Rd, Tamboerskloof, Tel. 021/423 85 13, www.bergzichtguesthouse.co.za

€–€€ | Blue Sky Bed & Breakfast Sehr schönes Gästehaus im Bauhausstil auf der Nordseite des Tafelbergs in Oranjezicht. Spektakuläre Aussichten auf die City Bowl, die Waterfront und den Tafelberg. Eine kurze Autofahrt entfernt liegen die Traumstrände von Clifton und Camps Bay. Die Pensionsgäste genießen einen gepflegten Garten mit Pool. Die sechs mit allen Annehmlichkeiten ausgestatteten Zimmer inkl. Bad/WC sind hell, freundlich und einladend möbliert. Es gibt kostenlose Parkmöglichkeiten und freien WLAN-Zugang. Frühstück ist inklusive. Die deutschen Gastgeber helfen mit Tipps und bei der Organisation von Ausflügen. ■ 14 Rugby Rd, Oranjezicht, Tel. 021/465 13 40, www.bluesky-bb.co.za

€–€€ | Grand Daddy Hotel Beliebtes Boutique-Hotel in der Long Street mit ihren vielen Restaurants, Bars und Geschäften. Von der Sky Bar hat man einen großartigen Blick auf die Skyline von Kapstadt. Das Grand Daddy ist alles andere als großväterlich. Namhafte Architekten und Designer machten es zu einem flippigen Trendhotel. Auffällig und originell sind die aluminiumglänzenden Wohnwagen-Oldtimer auf dem Dach des Hauses. ■ 38 Long St, Tel. 021/424 72 47, www.granddaddy.co.za

€–€€ | Harpers House Viktorianisches Haus aus dem Jahr 1892 mit acht Zimmern, einer Bibliothek und einem Essraum in Green Point, nicht weit von der Waterfront und dem Stadtzentrum entfernt. Sehr schöne Zimmer mit afrikanischen Stilelementen. ■ 2 Varneys Rd, Green Point, Tel. 074/807 23 14, www.harpershouse.co.za

€€ | Belmond Mount Nelson Ehrwürdig, aber nicht steif: In diesem Luxushotel umgibt historisches Ambiente den Gast und entführt ihn auf charmante Weise in das Kapstadt von früher. Das Hotel liegt inmitten einer grünen Oase dicht am Stadtzentrum und den beliebten Szenestraßen. Sehr populär ist das Planet Restaurant des Hauses mit köstlichen Gerichten in modern-stilvollem Ambiente. ■ Belmond Mount Nelson Hotel, 76 Orange St, Gardens, 021/483 10 00, www.belmond.com

8 **€€€ | Ellerman House** Dieses Privathotel im Vorort Bantry Bay mit grandiosem Blick auf den Atlantik birgt eines der am besten gehüteten Geheimnisse südafrikanischer Kunst. Besitzer Paul Harris ist seit Jahren leidenschaftlicher Sammler. Rund 1500 Gemälde und Skulpturen schmücken jedes freie Fleckchen in Haus und Garten – eine bunte Mischung, die von traditionellen Landschaftsgemälden bis zu bunter Township-Kunst reicht. Das luxuriöse Boutique-Hotel mit 13 individuell gestalteten Zimmern und Suiten residiert in einer Villa im edwardianischen Stil von 1906. Es bietet Lounge, Bücherei, Diningroom, Bar, Weinkeller und eine wunderbare Terrasse mit Blick auf den Garten und den Atlantik. ■ 180 Kloof Rd, Tel. 021/430 32 00, www.ellerman.co.za

Kaphalbinsel 32

€€–€€€ | The 12 Apostles Hotel & Spa Von diesem Luxushotel – spektakulär unter den Twelve-Apostles-Bergen gelegen – genießt der Gast die freie Sicht auf den Atlantik. Dazu kommen noch ein ausgezeichnetes Spa, das hervorragende Azure Restaurant und die Leopard Bar mit Blick auf die atemberaubenden Sonnenuntergänge. ■ Camps Bay, Tel. 021/438 44 44, www.12apostleshotel.com

Westcoast 35

€ | Die Houthoop Liebenswerte und originelle Unterkunft mit 25 Cottages im Farmstil. Idealer Ausgangspunkt für die Erkundung des Namaqualands und für Ausflüge an die Diamantenküste. ■ Die Houthoop Guest Farm, Kleinzee/Namaqua, Tel. 083/ 967 57 74, www.houthoop.co.za

€–€€ | The Farmhouse Hotel Helle, freundliche Zimmer, ein schöner Garten mit Pool und eine hervorragende Lage nahe an der Lagune von Langebaan. Die im Farmstil gestaltete Unterkunft ist ein perfekter Ausgangspunkt, um den Wild Coast National Park zu erkunden. ■ 5 Egret St, Langebaan, 022/772 20 62, www.thefarmhousehotel.com

Cape Karoo 37

€–€€ | Oudrif Guest Farm Sympathische private Gästefarm am Doring Fluss. Maximal zehn Gäste werden in voll ausgestatteten Cottages aus Naturmaterialien untergebracht. Im Frühling gibt es schöne Blumenteppiche. Der Fluss lädt zum Rafting, Schwimmen und Kanufahren ein. Ein idealer Ausgangspunkt für Wanderungen in den Cederbergen. ■ Doring River, Cederberg Mountains, Clanwilliam, Tel. 027/482 23 97, www.oudrif.co.za

€€€ | Bushman's Kloof Fünfsterneunterkunft im Landhausstil mit wunderschöner Gartenanlage und hervorragender Küche. Gelegen im Bushman's Kloof Wilderness Reserve in den Cederbergen mit abwechslungsreicher Tierwelt und 125 Fundstätten mit San-Malereien. ■ Cederberg Mountains, Clanwilliam, Tel. 021/ 437 90 97, www.bushmanskloof.co.za

Die Südküste und Karoo

Südafrikas Südküste gehört zu den schönsten Strecken des Landes mit Stränden, Naturparks, noblen Unterkünften und schickem Lifestyle

Neben Kapstadt und dem Krüger-Nationalpark ist die Garden Route an der Südküste des Kontinents eines der Lieblingsziele vieler Südafrika-Reisenden. Wer von der Garden Route spricht, meint meist die gesamte Südküste von Kapstadt bis Port Elizabeth, die zahlreiche Höhepunkte bietet. Genau genommen bezeichnet Garden Route allerdings ein gut 200 km langes Teilstück. Dem Erlebnis in dieser Region tut das aber keinen Abbruch. Die gesamte Strecke an der Küste entlang ist von eindrucksvoller Schönheit mit Wäldern, ewig langen Stränden, grandiosen Felsküsten und wundervollen Bergketten. Für anspruchsvolle Reisende gibt es zahlreiche noble Unterkünfte, feine Restaurants und Golfplätze. Auch sonst ist der Erlebniswert hoch. Bunte Märkte, nette Fischerorte, gut gemachte Erlebnisparks und im Osten zahlreiche Big-Five-Wildreservate locken in den Süden des Landes. Dazu kommt noch das Hinterland der Karoo, eine landschaftlich reizvolle Halbwüste, die vor allem im Eastern Cape spannende Entdeckungen bereithält. Dort findet sich mit Graaff-Reinet ein romantisches Städtchen im kapholländischen Stil und mit dem Valley of Desolation eine der spektakulärsten Schluchten des Landes.

In diesem Kapitel:

ADAC Top Tipps:

4 **Winelands**
| Landschaft |
Leckere Tropfen, eine wunderschöne Hügellandschaft und zauberhafte Landsitze – in den Winelands zeigt Südafrika sein liebliches Gesicht. 44

5 **Garden Route**
| Ferienstraße |
Malerische Panoramaroute mit Urwäldern, Stränden, Schluchten und schickem Urlaubsflair. 49

ADAC Empfehlungen:

(9) Stellenbosch
| Stadtbild |
Historisches Städtchen im Herzen der Winelands mit kapholländischen Häusern, exzellenten Restaurants und lebendiger Atmosphäre. 44

(10) Haute Cabrière, Franschhoek
| Restaurant |
Französisch inspirierte Küche mit Gewürznoten vom Kap – serviert wird mit Stil. 46

(11) Owl House, Niew Bethesda
| Museum |
Das ehemalige Zuhause der Künstlerin Helen Martins, die Haus und Garten mit unzähligen eigentümlichen Skulpturen bestückt hat. 56

(12) Graaff Reinet
| Stadtbild |
Ein historisches Städtchen mit mehr als 200 denkmalgeschützten Häusern,

das seiner Schönheit wegen als »Perle der Karoo« bezeichnet wird. 57

(13) Valley of Desolation
| Schlucht |
Ein mächtiger Canyon, von dessen Rand man grandiose Ausblicke in die Weite der Karoo und auf Graaff-Reinet am Sundays River hat. 58

(14) Delaire Graff Estate & Spa, Stellenbosch
| Lodge |
Noble Unterkunft für Kunstsinnige – feinste Weine und eine eindrucksvolle Sammlung zeitgenössischer Kunst aus Südafrika. 60

5 Winelands

4 *Beste Weine, malerische Landschaft, schmucke Landsitze*

Weinkenner geraten beim Gedanken an die edlen Trauben aus Südafrika ins Schwärmen. Nur rund 50 km nordöstlich von Kapstadt sorgen fruchtbare Böden und mildes Klima rund um die Orte Stellenbosch, Paarl und Franschhoek für perfekte Bedingungen, und so werden dort schon seit Jahrhunderten edle Weine produziert. Europäische Siedler, vor allem aus Frankreich, Holland und Deutschland, erkannten schnell das Potenzial der Region und begannen mit dem Anbau. Mit ihrem aus Europa mitgebrachten Wissen gelang es ihnen, prosperierende Weingüter aufzubauen, von denen zahlreiche heute noch bestehen und sich auf eine lange Tradition stützen können. Viele dieser alteingesessenen Güter besitzen schmucke Landhäuser im typisch kapholländischen Stil mit tief herabgezogenen Giebeln, die von schönen Parkanlagen umgeben sind. Die Winelands punkten mit zahlreichen Weinrouten, Verkostungen in malerischen Weingütern, einer hervorragenden Küche, einigen der besten Golfplätze Südafrikas und stilvollen Unterkünften für nahezu jeden Geschmack und Geldbeutel.

Sehenswert

Stellenbosch

| Stadtbild |

9 *Malerisch im Herzen der Winelands mit historischer Architektur*

Stellenbosch ist nach Kapstadt die zweitälteste Stadt Südafrikas und eine der touristischen Hauptattraktionen im Kapland – völlig zu Recht. In dem Städtchen, das 1679 von dem Holländer Simon van der Stel in einem lieblichen und fruchtbaren Tal am Eerste Rivier gegründet wurde, säumen rund 300 Jahre alte Eichen die Straßen der Altstadt, in denen sich herausgeputzte

Waterford Estate – ein wunderschönes Weingut südlich von Stellenbosch

Gefällt Ihnen das?

Sie sind von **Stellenbosch** mit seinem historischen Stadtkern begeistert? Dann sollten Sie unbedingt auch **Graaff-Reinet** (S. 57) im Eastern Cape besuchen. Das Städtchen am Sundays River kann sich mit mehr als 200 Baudenkmälern im kapholländischen und viktorianischen Stil schmücken – alle wunderbar renoviert, und man kann sie ganz ohne touristischen Andrang genießen.

Häuschen im kapholländischen und viktorianischen Stil aneinanderreihen. Der Bummel durch die Dorp Street gleicht dem Besuch eines Museums. Einige der schmucken Häuschen sind im ursprünglichen Stil eingerichtet und können besichtigt werden. Doch Stellenbosch ist auch eine äußerst lebendige Stadt. Kein Wunder, denn hier residiert eine der renommiertesten Universitäten des Landes, u.a. mit einer Fakultät für Weinanbau, und daher prägen vor allem junge Leute die Szenerie. Insbesondere in der Altstadt finden sich zahlreiche exzellente Restaurants, nette Cafés, spannende Galerien und hübsche Boutiquen, die zu einem Besuch einladen. Dazu ist Stellenbosch von einigen der bekanntesten Weingüter Südafrikas umgeben und gilt als das Herz der Winelands. Von hier startet auch die Stellenbosch-Weinroute, die Station in renommierten Weingütern wie Blaauwklippen, Hartenberg, Morgenhof, Spier und Lanzerac macht.

■ Stellenbosch Touristeninformation, 36 Market St, Tel. 021/883 35 84, www.stellenbosch.travel, Mo–Fr 8–17, Sa 9–14, So 9–13 Uhr

Franschhoek

| Stadtbild |

Wer französisches Flair liebt, ist in Franschhoek richtig. Hier siedelten sich Ende des 17. Jh. französische Hugenotten an, die der Verfolgung in ihrem Heimatland entkommen wollten und sich in einem fruchtbaren, von Bergen eingeschlossenen Tal nordöstlich von Kapstadt niederließen. Sie legten Farmen an und begannen Wein anzubauen. Bald hieß die Gegend »De France Hoek«, die französische Ecke, was später zum Namen Franschhoek führte. Noch heute sieht man dem idyllischen Städtchen seine Wurzeln an. Entlang der Main Road finden sich Restaurants mit französisch inspirierter Küche, es gibt nette Straßencafés, Boutiquen und Galerien. Besichtigt werden kann das Hugenotten-Denkmal, das aus drei Bögen – für die Dreifaltigkeit – besteht, vor denen eine Frau mit einer Bibel platziert ist.

ADAC *Spartipp*

Kulinarische Genüsse in den Winelands müssen nicht teuer sein. Südafrikaner lieben ihr **Picknick,** und so lockt die **Delheim Wine Farm** bei Stellenbosch mit einem schönen und zudem preiswerten Angebot. Gäste des Weinguts können einen Picknickkorb mit hausgemachten und leckeren saisonalen Produkten inklusive einer Flasche Delheim-Wein kaufen und sich dann ans Flussufer des Klip River begeben. Dort kann in freier Natur vor der Kulisse der Weinberge lecker geschlemmt werden.
Knorhoek Rd, Stellenbosch, Tel. 021/888 46 00, www.delheim.com

ADAC *Mobil*

Im Franschhoek Valley liegen zahlreiche wunderbare Weingüter. Wer nicht mit dem Auto umherfahren möchte – und damit auch die Gelegenheit hat, die edlen Tropfen zu verkosten –, kann die **Franschhoek** Wine Tram nehmen, eine nostalgische Bimmelbahn, die z. B. zu Gütern wie Plaisir de Merle oder Leopard's Leap zuckelt. *www.winetram.co.za*

Eine gesprengte Kette weist auf die Befreiung von religiöser Unterdrückung hin. Das angeschlossene Museum widmet sich der Geschichte und Kultur der Hugenotten und ihrem Einfluss in Südafrika. Franschhoek bezeichnet sich selbst gern als Gourmet-Hauptstadt des Landes. Obwohl die Nachfahren der Hugenotten ihre ursprüngliche Landessprache nicht mehr sprechen, tragen viele Restaurants und wunderschöne Weingüter im Umland wie La Motte, Haute Provence oder Dieu Donné auch heute noch französische Namen.

■ Franschhoek Touristeninformation, 62 Huguenot Rd, Tel. 021/876 28 61, www.franschhoek.org.za, Mo–Fr 8–17, Sa 9–17, So 9–16 Uhr

Restaurants

(10) **€€–€€€ | Haute Cabrière** Gourmetherzen schlagen hier höher, denn im eleganten Haute Cabrière wird auf höchstem Niveau gekocht und perfekt angerichtet. Serviert werden französisch und italienisch inspirierte Küche mit regionalen Zutaten.
■ Lambrechts Rd, Franschhoek, Tel. 021/ 876 85 00, www.cabriere.co.za

Kinder

In den Winelands finden sich zahlreiche Plätze, an denen auch Kinder glücklich sind. Viele Kapstädter Familien verbringen die Wochenenden dort im Grünen. Besonders beliebt ist Blaauwklippen Vineyards in Stellenbosch, eines der ältesten Weingüter des Landes. Für Kinder gibt es Ponyreiten, Kutschfahrten, einen Spielplatz und immer am Sonntag einen Familienmarkt mit Angeboten für Jung und Alt. ■ www.blaauwklippen.com

6 Whale Coast

Der weltweit beste Platz, um direkt von der Küste aus Wale zu beobachten

Die Whale Coast liegt östlich von Kapstadt und hat ihr Zentrum in Hermanus, das gern als Welthauptstadt der Wale bezeichnet wird. Tatsächlich gehört diese Region zu den besten Plätzen überhaupt, um die Meeresriesen zu beobachten. Vor den Küsten ziehen alle neun Walarten der Südhalbkugel vorbei. Rings um Kapstadt und an der Whale Coast sieht man vor allem die Southern-Right-Wale (Südliche Glattwale), die bis zu 18 m lang werden und 80 t wiegen können. Etwa von Dezember bis Mai halten sie sich in den kalten Polargewässern auf. Dann machen sie sich auf gen Norden, um in den geschützten Buchten Südafrikas ihre Jungen zur Welt zu bringen und rund drei Monate lang zu säugen. Die ersten Wale kommen im Juni, die beste Zeit zur Walbeobachtung ist allerdings August bis Oktober. Wenn die Kälber groß genug sind, spätestens im Dezember, machen sich die Riesensäuger wieder auf in die antarktischen Gewässer, wo sie Plankton und damit beste Futterbedingungen vorfinden. Die Besonderheit an der Whale Coast: Man muss nicht unbedingt mit dem Boot hinfahren, um die eindrucksvollen Tiere zu sehen. Oft tummeln sie sich ganz nah am Ufer und können vom Klippenrand mit bloßem Auge oder bei Bedarf mithilfe eines Fernglases hervorragend beobachtet werden. Neben Hermanus gelten auch De Kelders, Witsand und das De Hoop Nature Reserve als ausgesprochen gute Walspots. Die Tiere können aber in der Saison am gesamten Küstenstreifen zwischen False Bay und Plettenberg Bay gesichtet werden.

Sehenswert

Hermanus

| **Naturschauspiel** |

Hermanus ist ein kleines Städtchen, genießt allerdings große Berühmtheit. Der Ort, ca. 130 km südöstlich von Kapstadt, gilt als Walhauptstadt der Welt. Tatsächlich ist die Walsichtung hier in der Zeit von Juli bis Oktober schon beinahe garantiert. Manchmal tummeln sich bis zu 100 der Meeresgiganten in der Bucht, die eine ihrer Lieblingsplätze ist. Hermanus hat eine steil abfallende Felsküste mit einem Klippenpfad, sodass die Wale auch von Land aus perfekt zu sehen sind. An manchen Stellen schwimmen die Tiere bis zu zehn Metern an die Küste heran. Auch draußen auf dem Meer gibt es beeindruckende Szenen. Immer wieder schießen die Giganten der Meere zu enormen Sprüngen aus dem Wasser, um dann mit lautem Getöse wieder in den Wellen zu landen. Einzigartig in der Welt gibt es in Hermanus sogar einen »Walrufer«, der darauf hinweist, wenn es im Wasser Spannendes zu sehen gibt. Wer sich ein alternatives Walerlebnis gönnen möchte, kann auch eine Bootstour buchen oder mit dem Helikopter zur Walsich-

Im Blickpunkt

Wein für die Welt

Die Weinbauern am Kap können sich glücklich schätzen: Sonnenreiche Sommer und genug Regen in einem milden Winter – mit diesem Klima und fruchtbarem Boden lassen sich Spitzenweine produzieren. In den Küstenregionen entstehen hervorragende Rote wie Cabernet Sauvignon, Shiraz sowie Pinotage und feine Weiße wie Riesling, Blanche oder Chenin blanc. Weiter im Inland in den Regionen Robertson, Worcester, Tulbagh und Swellendam gedeihen im heißen und trockenen Klima köstliche Weiß-, Muskat- und Süßweine. Die Anfänge des Weinbaus am Kap gehen bis ins 17. Jh. zurück, als die damaligen Siedler mit ihrem Know-how aus Europa kamen und die ersten Weinberge anlegten. Einige Weingüter wie etwa Nederberg in Paarl, das 1792 gegründet wurde, existieren heute noch und sammeln regelmäßig Auszeichnungen und Medaillen für ihre Spitzenerzeugnisse ein. Am Kap werden heute rund 3000 verschiedene Weinsorten gekeltert. Mehr als 2 Mio. Kisten gehen außer Landes an Weinliebhaber in aller Welt.

Im Blickpunkt

Surfin' South Africa

Südafrika bietet beste Bedingungen für Surfer und ist nicht so überlaufen wie die klassischen Surferdestinationen Australien, Hawaii oder Kalifornien. An den Stränden Durbans gibt es einige Spots, doch die besten finden sich rund um Kapstadt und an der Garden Route. In Kapstadt zieht es die Wellenreiter an den Strand von Muizenberg und zum Long Beach. An der Garden Route sind Mossel Bay, Wilderness, Plettenberg Bay und St. Francis Bay beliebt. Absoluter Hotspot ist jedoch Jeffrey's Bay mit dem Spot Supertubes, der als bester Südafrikas gilt und jedes Jahr im Juli Austragungsort des Billabong-Pro-Surferwettbewerbs ist.

tung aufbrechen. Letztere Variante ist attraktiv, weil man die riesigen Tiere von oben in ihrer ganzen Länge knapp unter der Wasseroberfläche sehen kann – aber ökologisch bedenklich.

■ Touristeninformation Hermanus, Mitchel St, im alten Bahnhofsgebäude, Tel. 028/312 26 29, www.hermanus tourism.info

Cape Agulhas

| Aussichtspunkt |

Jeder scheint zu wissen, welches der südlichste Punkt Afrikas ist: Kap der Guten Hoffnung, sind sich alle sicher. Das ist aber nicht korrekt. Vielmehr markiert Cape Agulhas, rund 300 km weiter östlich, den südlichsten Zipfel des Kontinents und ist gleichzeitig die offizielle Grenze zwischen Atlantik und Indischem Ozean. Wie man es von einem Kap erwartet, ist der Ort windumtost und umspült von rauer See. Zahlreiche Schiffswracks liegen vor der Küste und zeugen von den dort oft schwierigen Bedingungen für die Seefahrt. Anziehungspunkt ist ein großer Leuchtturm mit einer Reichweite von 60 km, der auch heute noch seine Dienste tut. Er kann besichtigt werden, ebenso wie das kleine Museum, das über Leuchttürme in aller Welt informiert. Zur eigentlichen Südspitze, die rund 1 km vom Leuchtturm entfernt liegt und sich nicht sehr spektakulär präsentiert, weist ein Schild.

■ Touristeninformation im Leuchtturm, Tel. 028/435 71 85, www.discovercape agulhas.co.za, 9–17 Uhr

De Hoop Nature Reserve

| Naturpark |

Wunderschönes Naturreservat an der Küste, rund 260 km von Kapstadt entfernt und 50 km östlich von Bredasdorp gelegen. Verlockend sind die mächtigen Sanddünen und malerischen Badebuchten. Der von Fynbos-Vegetation geprägte Park ist sehr wildreich. Vertreten sind Bergzebra, Buntbock, Eland-Antilope, Kudu und viele Vogelarten. Zwischen Juli und Oktober lassen sich Southern-Right-Wale (Südlicher Glattwal) von der Küste aus beobachten, die dort kalben und ihre Jungen aufziehen. Es gibt zahlreiche Wandermöglichkeiten – vom 6 km langen De Hoop Klipspringer Trail bis zum 54 km langen fünftägigen De Hoop Whale Trail entlang der Küste. Die Zufahrtsstraße ist ungeteert. Letzte Möglichkeit zum Einkaufen und Tanken besteht im 15 km vom Eingang entfernten Dorf Ouplaas.

■ Buchungen und Reservierungen von Unterkünften und ausgewählten Wanderungen: CapeNature Central Reservations, Tel. 021/659 36 01, www.capenature.co.za, 7–18 Uhr, 40 Rand, Kinder 20 Rand

7 Garden Route

5 *Idyllisch mit Stränden, Naturschönheiten und Urlaubsflair*

Südafrikas beliebteste Panoramaroute zieht Urlauber mit Urwäldern, langen Stränden, netten Küstenstädtchen und schimmernden Lagunen an. Das Herzstück reicht von Mossel Bay im Westen bis zur Mündung des Storms River im Tsitsikamma-Naturpark im Osten. Die Garden Route ist ein wunderschöner grüner Küstenstreifen, ein Garten Eden von gut 200 km Länge, der im Norden an die trockene Kleine Karoo grenzt. Die meisten Urlauber kommen von Kapstadt und stoßen auf ihrem Weg nach Osten auf die Garden Route. Ungeduldige nehmen die Nationalstraße N2. Wer mehr Zeit mitbringt, reist schöner auf der Route 62, die durch das Landesinnere geht. Diese führt nach Oudtshoorn, in die Metropole der Straußenzucht. Von dort geht es über den spektakulären Outeniqua Pass an die Küste nach George und weiter nach Knysna, dem Juwel der Garden Route mit einer idyllischen Lagune und einem lebendigen Ferienleben. Schließlich landet der Garden-Route-Erkunder in Plettenberg, das mit seinen weiten Stränden, dem Sportangebot und der kulinarischen Auswahl vielen als das Monaco Südafrikas gilt. Weite Teile der Garden Route sind im staatlich überwachten Garden Route National Park zusammengefasst, wobei es die Abschnitte Wilderness, Knysna und Tsitsikamma gibt.

Sehenswert

Oudtshoorn

| Tiergehege |

Oudtshoorn, eigentlich eine verschlafene Kleinstadt in der heißen und tro-

Der Strand von Plettenberg Bay, einem beliebten Badeort an der Garden Route

Oudtshoorn ist als Hochburg der südafrikanischen Straußenzucht bekannt

ckenen Kleinen Karoo, verdankt seine Bekanntheit einzig und allein dem Federvieh. Ende des 19. Jh. galt unter Frauen in der westlichen Welt ein mit Straußenfedern geschmückter Hut als unumgängliches Modedetail. Um den Bedarf zu decken, entstanden in dieser Zeit in Oudtshoorn die ersten Straußenfarmen. Einige, heute als »Federbarone« bezeichnete Unternehmer, machten damals ein Vermögen und bauten sich prächtige Villen, die auch jetzt noch zu bewundern sind. Heute können Touristen in Oudtshoorn ein Museum zur Stadtgeschichte anschauen und vor allem eine der Straußenfarmen besuchen, die Führungen anbieten. Einige haben auch das umstrittene Reiten auf Straußen im Angebot. Die Safari Ostrich Show Farm und die Cango Ostrich Farm haben spannende Führungen ohne Reiten. In der Nähe lohnen auch die Cango Caves einen Besuch. In den eindrucksvollen Tropfsteinhöhlen rund 30 km nördlich von Oudtshoorn können fantastische Höhlenkammern mit mächtigen, teils bizarren Kalzitsäulen auf einer Führung bewundert werden.

■ Touristeninformation: 80 Voortrekker St, Tel. 044/279 25 32, www.oudtshoorn.com, Mo–Fr 8.30–17, Sa 9.30–12.30 Uhr

■ Safari Ostrich Farm, Tel. 044/272 73 11, www.safariostrich.co.za

■ Cango Ostrich Farm, Tel. 044/272 46 23, www.cangoostrich.co.za

■ Cango Caves, Tel. 044/272 74 10, www.cangocaves.co.za, Reservierung für die Touren erforderlich, pro Tour 100 Rand

Wilderness

| Naturpark |

Das beliebte Örtchen Wilderness ist eine der Urlaubsperlen an der Garden Route. Einen tollen Blick auf die faszinierende Landschaft, die mächtigen

Wellen des Indischen Ozeans und den traditionsreichen Ferienort hat man vom berühmten Aussichtspunkt »Map of Africa« an der Mündung des Kaaimans River. In unmittelbarer Nähe liegt eine weitere Attraktion, der Wilderness-Naturpark, der heute Teil des Garden Route National Park ist. Hier findet man dichte Regenwälder, Fynbos-Vegetation, Yellowwood-Bäume und blühende Orchideen. Vielleicht sieht man einen Buntbock durchs Dickicht hüpfen oder beobachtet am Strand die Kap-Fingerottern. Wilderness ist ein Garten Eden, der auch die Herzen vieler Vogelliebhaber höherschlagen lässt.

■ Touristeninformation Wilderness: Milkwood Village, Tel. 044/877 00 45, www.wildernessinfo.org, www.wilderness tourism.co.za

■ Garden National Park, Wilderness-Abschnitt: Reservierungen zentral über South African National Parks (Sanparks), Tel. 012/428 91 11, www.sanparks.org

Knysna

| Stadtbild |

Knysna gilt als das Herz der Garden Route. Das kultivierte und bei Touristen wie auch Einheimischen als Urlaubsziel beliebte Städtchen umschmiegt eine malerische Lagune. Am schmalen Eingangstor zum Meer erheben sich wie Wächter auf beiden Seiten Klippen, die Knysna Heads. Die Lagune ist ein Paradies für Segler und macht Lust auf Bootsausflüge. Das kleine historische Zentrum am Nordufer der Lagune schmückt sich mit georgianischen und viktorianischen Gebäuden. Es gibt zahlreiche gute Restaurants und Bistros, Coffeeshops, Boutiquen und Galerien. Am Abend geht es an die »Waterfront« mit Restaurants und kleinen Shops, die an der früheren Hafenmauer, den Knysna Quays, entstanden ist und sich vor allem bei Touristen großer Beliebheit erfreut. Knysna liegt idyllisch auf gewellten Hügeln und ist umrahmt von Wäldern mit uralten Hartholzbäumen wie etwa Yellowwood, Redwood und Stinkwood. Knysna war früher ein Zentrum der Holzfällerei, der Hafen in der Lagune diente der Verschiffung. Heute ist der Knysna Forest streng geschützt.

■ Knysna Tourism, 40 Main St, Tel. 044/382 55 10, www.visitknysna.com, Mo–Fr 8–17, Sa 8.30–13 Uhr

Plettenberg

| Stadtbild |

Wie Knysna diente auch Plettenberg früher vor allem als Hafen für die Holzverschiffung. Heute ist Plettenberg, von den Einheimischen »Plett« genannt, einer der beliebtesten Urlaubsorte an der Garden Route und vor allem in den Ferienzeiten entsprechend gut besucht. Auch viele wohlhabende Johannesburger kommen gern zur Erholung nach Plett. Größter Pluspunkt sind die herrlichen Strände, die sich viele Kilometer lang ganz um die

ADAC *Wussten Sie schon?*

An der Bloukrans Bridge wird einer der höchsten und spekakulärsten **Bungee-Jumps** der Welt geboten. 216 m stürzen sich dort die mutigen Springer in die Tiefe. Ihnen bietet sich ein grandioser Blick in die Schlucht des Bloukrans-Flusses.

Bloukrans Bungee Jump, 40 km östl. der Plettenberg Bay an der N2, Tel. 042/281 14 58, www.faceadrenalin.com, tgl. 9–17 Uhr, 990 Rand

Im Blickpunkt

Golfland Südafrika

Lang galt Südafrika unter Golfern als Geheimtipp, doch mittlerweile hat sich herumgesprochen, dass es im Land zahlreiche hervorragende Golfplätze gibt und das Klima dem Sport ebenfalls zuträglich ist. Allein schon das Golfmekka Kapstadt hat 20 Plätze rund um den Tafelberg. Im gesamten Land sind es mehr als 500. Extra-Pluspunkt: Die Preise sind noch vergleichsweise moderat. Eine 18-Loch-Greenfee ist ab 70 Euro aufwärts zu haben. Als schönster und schwerster Golfplatz des Landes gilt der Durban Country Club.

Plettenberg Bay ziehen. Nordöstlich liegt mit dem feinsandigen, breiten Keurboomstrand einer der schönsten Strände Südafrikas. Vor den Küsten können häufig Delfine, zwischen Juli und Oktober auch Wale beobachtet werden. Plettenberg Bay hat mit dem Plettenberg Bay Country Club, Rietvlei Mashie und Goose Valley drei hervorragende Golfplätze.

■ Plettenberg Bay Tourism, Main St, Tel. 044/533 40 65, www.plett-tourism.co.za, Mo–Fr 9–17, Sa 9–13 Uhr

Tsitsikamma

| Naturpark |

Der Tsitsikamma Naturpark steht bereits seit 1964 unter Schutz und ist heute Teil des Garden Route National Park, der unter Aufsicht der South African National Parks (Sanparks) steht. Er erstreckt sich über rund 80 km zwischen Plettenberg Bay und Humansdorp und schließt auch ein Meeresschutzgebiet mit ein. Vielen gilt der Tsitsikamma-Abschnitt des Nationalparks als der eindrucksvollste und spektakulärste Teil der Garden Route. Hier wachsen die letzten Urwälder Südafrikas, und bis zu 800 Jahre alte und bis zu 40 m hohe Yellowwood-Bäume streben gen Himmel. Ein Großteil dieser Baumgiganten wurde allerdings vor allem im 17. und 18. Jh. von Siedlern abgeholzt. Starke Regenfälle in der Region lassen die Vegetation besonders gut gedeihen. Geheimnisvolle Wälder, Steilküsten, tiefe Schluchten und sprudelnde Bäche schaffen hier ein Märchenland. Die Ureinwohner dieses Gebiets, die Khoikhoi, gaben ihm den noch heute geltenden Namen »Tsitsikamma«, was »sprudelndes Wassers« bedeutet. Landschaftliche Höhepunkte sind für viele die Schlucht der Storms River und dessen Mündung in den Indischen Ozean. Viele Schönheiten bleiben Wanderern vorbehalten. Die bekanntesten Touren sind der Otter Trail und der Tsitsikamma Mountain Trail.

■ Reservierungen (auch für einige Wanderrouten) zentral über: South African National Parks (Sanparks), Tel. 012/428 91 11, www.sanparks.org oder Tel. 042/281 16 07

Restaurants

€–€€ | The Olive Tree Gemütliches Restaurant im Bistrostil. Auf den Tisch kommt mediterran inspirierte Küche mit stets frischen Zutaten. The Olive Tree schafft mit Bildern lokaler Künstler an den Wänden eine authentische südafrikanische Atmosphäre und zählt zu den Lieblingsrestaurants der Einheimischen. ■ Main St, Knysna, Tel. 044/382 58 67

Wandern

Zu den bekanntesten Wanderrouten in Südafrika gehören der Otter Trail und der Tsitsikamma Mountain Trail, die beide durch die üppig grüne Natur im dicht bewaldeten Tsitsikamma-Naturpark führen. Der Otter Trail geht in fünf Tagen 42 km die Küste entlang. Beim Tsitsikamma Mountain Trail führt die Strecke über 72 km durch die Bergwelt und die Fynbos-Landschaft. ■ Otter Trail: South African National Parks (Sanparks), Tel. 012/428 91 11, www.sanparks.org; Tsitsikamma Mountain Trail: Tel. 042/281 17 12, www.mtoecotourism.co.za und www.tsitsikamma.info

Kinder

Mit Kindern lohnt ein Besuch im Monkeyland rund 16 km östlich von Plettenberg Bay. Das Schutzzentrum ist ein Zuhause für rund 200 Affen verschiedener Arten, die dort in einer Umgebung leben, die ihrer natürlichen möglichst nahekommt. Die Tiere kommen aus nicht artgerechter Haltung in Zirkussen oder Privatbesitz und haben im Monkeyland eine neue Heimat gefunden. Biologen und Tiermediziner kümmern sich um ihr Wohlbefinden. Auf einer Tour zu Fuß durch das Zentrum kann man den Affen recht nahe kommen und erfährt interessante Details über ihre Lebensweise.
■ Monkeyland, Plettenberg Bay, Tel. 044/534 89 06, www.monkeyland.co.za, Mo–So 8–18 Uhr, 230 Rand, Kinder 115 Rand

8 Addo Elephant National Park

Big-Five-Nationalpark, ursprünglich zum Schutz von Elefanten eingerichtet

Information

■ Zentrale Buchungs- und Reservierungsstelle: South African National Parks (Sanparks), Tel. 042/233 86 00, www.sanparks.org

Eher klein, aber außergewöhnlich schön: der Tsitsikamma-Naturpark

In den 1930er-Jahren gab es in der Region des heutigen Addo Elephant National Park nur noch ein knappes Dutzend Elefanten. Es handelt sich um ein kleines verbliebenes Grüppchen von einst riesigen Herden, die früher durchs Ostkap streiften und die ihr Leben lassen mussten, weil sie auf der Suche nach Futter regelmäßig die Anpflanzungen der Siedler zerstört hatten. Um die restlichen Dickhäuter zu schützen, wurde 1931 der Addo Elephant National Park errichtet. Heute bevölkern wieder rund 600 Elefanten das Gebiet. Der Park wurde immer wieder vergrößert, u. a. um einen Küstenstreifen, und ist jetzt der drittgrößte Nationalpark des Landes. Im Zuge der Erweiterung kamen neue Tierarten dazu, sodass dort heute nicht nur die Big Five, sondern mit Hai und Wal sogar die Big Seven beobachtet werden können. Der Addo ist malariafrei, was ihn vor allem auch für Familien mit Kindern interessant macht. Es ist problemlos möglich, den Park im eigenen Auto zu erkunden. Die Straßen sind zwar nicht asphaltiert, aber gut befestigt. Es gibt zwei Eingangstore, das Addo Main Gate im Westen und das Addo South Gate im Süden. Der Addo National Park steht unter staatlicher Aufsicht der South African National Parks. Die Unterkünfte Addo Main Rest Camp und Matyholweni Rest Camp sowie geführte Safaris und Ausritte können nur dort gebucht werden. Eine Reservierung ist empfehlenswert. Alternativ kann man in Unterkünften rund um den Addo übernachten.

9 Port Elizabeth

Entspannte Stadt mit herrlichen Stränden und eindrucksvoller Meeresfauna

i Information

■ Nelson Mandela Bay Tourism, Donkin Reserve, Tel. 041/585 88 84, www.nmbt.co.za, Ableger auch am Port Elizabeth Airport, Tel. 041/581 04 56

Der Addo Elephant National Park bietet den Dickhäutern wieder eine sichere Heimat

Port Elizabeth, auch the »Windy City« und von den Einheimischen kurz »PE« genannt, ist von der Sonne verwöhnt und besitzt hervorragende Badestrände, schöne Surfspots, spannende Tauchreviere und perfekte Bedingungen für viele Arten von Wassersport. Die Millionenstadt liegt am westlichen Ende der Nelson Mandela Bay mit einer eindrucksvollen Meeresfauna, darunter viele Delfine und Wale. PE lebt stark von der Autoindustrie und gilt architektonisch nicht unbedingt als herausragende Schönheit. Allerdings finden sich im Stadtzentrum und im Bezirk Central einige hübsche viktorianische Gebäude, die unter Denkmalschutz stehen. Angenehm ist vor allem der entspannte Lebensstil der Bewohner, der nichts von der Hektik in Johannesburg oder dem Hang zur Selbstdarstellung wie in Kapstadt hat. Port Elizabeth ist mit der guten Verkehrsanbindung ein hervorragender Ausgangspunkt für Küstentouren Richtung Garden Route oder Wildcoast sowie für Rundfahrten durch das spannende Landesinnere.

10 Eastern Cape Karoo

Grandiose Küsten, Wildreservate und ein beachtenswertes Hinterland

i Information

■ Nelson Mandela Bay Tourism, Donkin Reserve, Tel. 041/585 88 84, www.nmbt.co.za, Ableger auch am Port Elizabeth Airport, Tel. 041/581 04 56

Die landschaftlich großartige Küstenregion des Eastern Cape reicht vom Tsitsikamma-Naturpark bis Port Alfred

Der 2504 m hohe Compassberg

im Osten. Dazu kommt im Landesinneren die Große Karoo mit ihren enormen Weiten und der sich selbst überlassenen Natur. Das Eastern Cape wirkt im Vergleich zum gut erschlossenen Western Cape wie eine andere, noch wenig berührte Welt, die spannende Entdeckungen bereithält. Landschaftlich reicht die Bandbreite von dichten Wäldern bis zu kargen Wüstenregionen im Norden. Es warten traumhafte Strände und tolle Surfspots am Indischen Ozean, private Big-Five-Reservate nördlich von Port Elizabeth, authentische Kultur und mit dem Valley of Desolation einer der spektakulärsten Canyons der Landes. Dazu stößt man überall auf die Spuren der großen geschichtlichen Helden des Landes, wie Nelson Mandela, Oliver Tambo und Steve Biko.

Sehenswert

Private Wildreservate

| Wildreservat |

Zwischen dem Addo Elephant National Park und Grahamstown findet sich eine Reihe von privaten Wildreservaten. In der Regel engagieren sie sich im Naturschutz, regenerieren das Land und siedeln Tiere an, die ehemals in der Region heimisch waren. Beliebte Parks sind beispielsweise Schotia Game Reserve (grenzt direkt an den Addo, www.schotiasafaris.co.za), Shamwari Game Reserve (sehr exklusiv, www.shamwari.com), Amakhala Game Reserve (ruhig, große Tiervielfalt, www.amakhala.co.za), Kariega Game Reserve (gehobener Standard, schöne Landschaft, www.kariega.co.za) und Pumba Privat Game Reserve (seltene weiße Löwen, www.pumbagamereserve.co.za)

ADAC *Spartipp*

Wer in Südafrika im Restaurant ein Glas **Wein** bestellt, bekommt gute Qualität und zahlt obendrein deutlich weniger als daheim. In vielen Lokalen kann man außerdem seinen eigenen Wein mitbringen – sofern er nicht auf der Karte steht. Dafür muss dann eine kleine »corkage fee« (ca. 25 bis 80 Rand) entrichtet werden.

Cradock

| Stadtbild |

Das Karoo-Städtchen Cradock am Great Fish River zeigt den authentischen Charme einer Provinzstadt. Einen Besuch lohnt die Dutch Reformed Church von 1867, die eine Kopie der St.-Martin-in-the-Fields-Kirche in London ist. Eindrucksvoll ist auch das Olive Schreiner House, in dem die berühmte und selbstbewusste Romanschriftstellerin Olive Schreiner (1855–1920), bekannt durch den Roman »Geschichte einer afrikanischen Farm«, ihre Kindheit verbrachte. In einer Ausstellung sind Stationen ihres Lebens zu sehen. Liebevoll renoviert zeigt sich die Market Street mit seinen 30 komplett restaurierten Häusern im Karoo-Stil. Diese hübschen Gebäude gehören zum Die Tuishuise & Victoria Manor Hotel und können für Übernachtungen gebucht werden. Wer sich dort einquartiert, nächtigt wie in einem individuell gestalteten Mini-Museum. Gut 20 km westlich von Cradock lohnt sich auch der Mountain Zebra National Park für einen Besuch.

■ Touristeninformation, JA Calata Street, Tel. 048/88 11 00 40, www.thegreatkaroo.com

Owl House, Niew Bethesda

| Museum |

11 *Gesamtkunstwerk einer exzentrischen Künstlerin*

Im kleinen, abgelegenen Karoo-Nest Niew Bethesda, das 1875 gegründet wurde, ist die Zeit stehen geblieben, könnte man meinen. Die Straßen sind ungeteert und staubig, es gibt ein paar Shops und eine Kirche, die für das Dorf zu groß geraten scheint. Trotzdem zieht Niew Bethesda regelmäßig Besucher an. Das liegt zum einen daran, dass sich dort in den 1980er- und 1990er-Jahren etliche Künstler niedergelassen haben. Ihre Häuser zeugen von kreativem Gestaltungswillen, und in einigen sind kleine Galerien untergebracht. Hauptattraktion von Niew Bethesda ist allerdings das Owl House,

Die Dutch Reformed Church ist die Hauptattraktion von Cradock

das Eulenhaus. Hier lebte und arbeitete die exzentrische Künstlerin Helen Martins (1897–1976), deren Garten und Haus unzählige Skulpturen, viele davon Eulen, zieren – ein Gesamtkunstwerk, das vom Seelenleben der Künstlerin erzählt, die sich im Alter von 78 Jahren das Leben nahm. Sie hinterließ der Nachwelt steinerne Fabelwesen, mystische Plastiken, Kamele, Schlangen, Eulen und eigentümliche Tierfiguren mit riesigen Augen – alle aus Zement geformt. Ihr Haus, das auch besichtigt werden kann, ist mit bunt bemaltem Glas, Textilien und Nippes dekoriert.

■ Martin St, Tel. 049/841 17 33, www.theowlhouse.co.za, tgl. 9–16.45 Uhr, 60 Rand

Graaff-Reinet

| Stadtbild |

12 *Malerisches Karoo-Städtchen mit schmucken Kolonialhäusern*

Das wunderschöne Städtchen an der Biegung des Sundays River gilt als »Perle der Karoo« und ist mit mehr als 200 denkmalgeschützten Gebäuden im kapholländischen, viktorianischen und georgianischen Stil einer der am besten erhaltenen historischen Orte Südafrikas. Um 1770 waren die Holländer aus Südwesten in die Gegend gekommen. Sie nahmen sich aus Sicht der Kapbehörden allerdings zu viele Freiheiten heraus, sodass 1785 ein Landdrost als offizieller Vertreter geschickt wurde, der Graaff-Reinet eine Verwaltungsstruktur gab und für Ruhe und Frieden sorgen sollte. Er ließ die Drostdy als Verwaltungssitz bauen, in der jetzt ein stilvolles Hotel untergebracht ist. Touristen freuen sich über die vielen schmucken Häuser aus kolonialer Zeit wie etwa die Old Library von 1847, das Reinet-Haus (1806–12) und das Hester Rupert Museum in einer ehemaligen, 1821 erbauten Kirche. Graaff-Reinet liegt inmitten des Camdeboo National Parks mit dem Valley of Desolation als Highlight.

■ Touristeninformation, 13 Church St, Tel. 049/892 42 48, www.graaffreinet.co.za, Mo–Fr 8–17, Sa 9–12 Uhr

Valley of Desolation

| Schlucht |

13 *Spektakulärer Canyon mit mächtigen Steinsäulen im Nationalpark*

Vom Rand des Valley of Desolation (Tal der Trostlosigkeit) eröffnet sich ein grandioses Panorama. Der Blick fällt steil nach unten und verliert sich in der Ferne in den Weiten der scheinbar endlosen Karoo. Spektakulär sind die rostbraunen Doleritsäulen, die wie mächtige Finger aus der Tiefe in den Himmel ragen. Häufig kreisen Adler über dem Canyon, was der Szenerie noch mehr Dramatik verleiht. Vom Toposcope-Aussichtspunkt in der Nähe schaut man auf Graaff-Reinet, das tief unten in der Krümmung des Sundays River liegt. Das Valley of Desolation bietet einen der spektakulärsten Ausblicke Südafrikas. Das Naturwunder liegt im staatlich geführten Camdeboo National Park, der Graaff-Reinet umgibt. Zum Park gehört auch ein

Im Blickpunkt

Südafrikanische Küche – vielseitig wie das Land

Südafrika ist ein Eldorado für Gourmets. Vor allem in Kapstadt und in den Winelands gibt es unzählige Restaurants, die alle eine hervorragende Küche bieten. Dabei muss es nicht immer der hochpreisige Gourmettempel sein. Auch in einem Hinterhofrestaurant, im Café oder Pub kann man köstlich speisen. Das Preisniveau ist verglichen mit Europa erstaunlich niedrig. Die Küche Südafrikas ist so vielfältig wie das Land mit seinen unterschiedlichen Kulturen und scheint das Beste von allem zu vereinen. Die ersten europäischen Einflüsse gehen auf die Holländer zurück, die 1652 am Kap anlandeten und im Company Garden, der heute mitten in Kapstadt liegt, Obst und Gemüse anbauten, um die Seeleute auf dem Weg zwischen Europa und Indien mit Vitaminen zu versorgen. Später kamen Sklaven aus Südostasien, die heute als Kapmalaien vorrangig in Kapstadt leben und mit ihren exotischen Geschmacksnoten Raffinesse in die Gastronomie brachten. Französische Kochkunst findet man verstärkt rund um Franschhoek. Dort ließen sich die französischen Hugenotten nieder, die im 17. Jh. aus religiösen Gründen ihre Heimat verließen und am Kap Wein- und Obstfarmen errichteten. Auch Inder, die Mitte des 19. Jh. als Arbeiter in großer Zahl nach Südafrika kamen und heute vor allem in Durban leben, bereichern mit ihrer vielfältigen Küche und ihren raffinierten Gewürzmischungen die kulinarische Bandbreite. Kennzeichnend für eine heute zeitgemäße Küche in Südafrika ist überdies die Verwendung von regionalen und frischen Produkten der Saison. Anspruchsvolle Köche kaufen ihre Zutaten gern auf Bauernmärkten oder beziehen sie direkt von den Farmen. Viele weiße Südafrikaner sind allerdings nach wie vor Fleischliebhaber und genießen ihr Braai. Bei diesen Grillevents kommen in großer Runde mit Familie und Freunden mächtige Fleischstücke und Boerewors (Afrikaans für Bauernwurst) auf den Rost. Viele schwarze Südafrikaner bleiben ihrer eigenen Küche treu. Sie lieben ihren Maisbrei, der mit Soße, Fleisch oder auch Gemüse gegessen wird.

Wildreservat , in dem man Bergzebras, Gnus, Springböcke und Oryxantilopen sehen kann.

■ Zentrale Information und Buchung bei South African National Parks: Tel. 049/892 34 53, www.sanparks.org

11 Wild Coast

Grandiose Strände, versteckte Badeorte und authentische Kultur im Hinterland

Wildromantisch mit menschenleeren Stränden, subtropischen Wäldern und verstreut liegenden Xhosa-Dörfern aus traditionellen Rundhütten (Rondavals) – so präsentiert sich die Wild Coast, die wohl unberührteste Gegend Südafrikas. Die Küstenlinie zieht sich rund 350 km zwischen East London und Port Edward am Indischen Ozean entlang. Sie ist Teil des ehemaligen Homelands Transkei und Heimat der Xhosa, die in dieser Region des Landes zwar recht arm, aber noch sehr traditionell mit einer funktionierenden Familien- und Sozialstruktur leben. Wer Ruhe, ursprüngliche Natur und authentische Kultur sucht, ist an der Wild Coast und in ihrem Hinterland richtig. Traumstrände laden zum Baden ein, und die kleinen Küstenorte, die oft nur über unbefestigte Stichstraßen erreichbar sind, haben ursprünglichen Charme und liebevoll geführte Unterkünfte für entspannte Tage. Beliebt und angesagt bei Backpackern und jungen, alternativ angehauchten Südafrikanern ist z. B. Coffee Bay. Das Örtchen liegt in einer grünen Hügellandschaft an einem traumhaften, unberührten Sandstrand. Es erhielt seinen Namen, weil hier einst ein gestrandetes Schiff viele Säcke mit Kaffeebohnen hinterlassen hat. Man

Noch fast unberührt: die Wild Coast

kann wunderbar entspannen und surfen oder zu Wanderungen und Touren in die Xhosa-Dörfer aufbrechen. Im Landesinneren lohnt auch Umtata einen Besuch. Die Hauptstadt der ehemaligen Transkei hat als Attraktion das Nelson Mandela Museum. Es zeigt viele historische Dokumente und Fotos, die Mandelas persönlichen und politischen Werdegang zum Kämpfer für Freiheit und Gerechtigkeit nachzeichnen. Das Museum organisiert Touren nach Qunu und Mvezo, in die Dörfer, in denen der Friedensnobelpreisträger geboren wurde und seine Kindheit verbracht hat.

■ Nelson Mandela Museum, Nelson Mandela Dr im Zentrum, Tel. 047/501 95 00, www.nelsonmandelamuseum.org. za, Mo–Fr 9–16, Sa 9–15, So 9–13 Uhr, Eintritt frei

Übernachten

An der Südküste des Landes finden sich zwischen Kapstadt und Port Elizabeth unzählige hervorragende Unterkünfte – viele im Premiumbereich. Doch auch für den kleineren Geldbeutel gibt es ein breites Angebot an charmanten Hotels, Pensionen und Lodges. Generell ist das Preis-Leistungs-Verhältnis sehr gut. Ins Schwärmen geraten Gäste vor allem in den Winelands. Dort gibt es liebevoll restaurierte historische Gebäude im kapholländischen Stil für wahrhaft traumhafte Übernachtungen. Doch auch an der Garden Route und in den Big Five Reservaten im Osten lassen sich echte Juwelen finden.

Winelands 44

€€–€€€ | **Babylonstoren** Zauberhaftes Farmhotel im Drakenstein-Tal zwischen Franschhoek und Paarl mit Shops, Restaurant und Spazierwegen durch die Gärten und Anlagen. Die stilvoll gestalteten Chalets und Suiten haben einen privaten Außenbereich mit Blick auf den Garten oder die Weinfarm. ■ Klapmuts, Tel. 021/863 18 04, www.babylonstoren.com

14 €€€ | **Delaire Graff Lodges & Spa** Supernoble Unterkunft bei Stellenbosch mit herrlichem Blick auf die Berge. Eine Besonderheit sind die vielen modernen südafrikanischen Kunstwerke, die in den öffentlichen Bereichen und in den Suiten ausgestellt sind. Hauptattraktion ist das weltbekannte Bild »The Chinese Girl« von Vladimir Tretchikoff aus dem Jahr 1952. ■ Helshoogte Pass, Stellenbosch, Tel. 021/885 81 60, www.delaire.co.za

Whale Coast 46

€€–€€€ | **Birkenhead House** Intimes Haus mit ausgefallenem Design und individuell gestalteten Zimmern direkt an der Felsklippe mit Blick aufs Meer. Perfekter Standort für die Walbeobachtung in Hermanus in der Saison von Juli bis Oktober. ■ 119 11th St, 7200 Hermanus, Tel. 028/314 80 00, www.theroyalportfolio.com/birkenhead-house

€€€ | **Grootbos Private Nature Reserve** Wunderschön gelegene Nobellodge in einem ausgedehnten Naturpark vorrangig mit Fynbos-Vegetation. Angeboten werden Ausritte, Wanderungen und Ausflüge in die Umgebung. Die Grootbos Foundation unterstützt eine Reihe von Umwelt- und Gemeindeprojekten. ■ Rte 43, Tel. 028/384 80 08, www.grootbos.com

Garden Route 49

€–€€ | **Skeiding Guest Farm** Traditionelles gastfreundliches Farmhaus mit sechs komfortablen Zimmern auf halbem Weg zwischen Kapstadt und Knysna. Es werden Farmtouren angeboten, die Küche ist ländlich-südafrikanisch mit hausgemachten Gerichten. ■ Heidelberg, an der N2, Westkap, Tel. 082/451 49 65, www.skeiding.co.za

Addo Elephant National Park 53

€€€ | Gorah Elephant Luxuriöses Camp und die einzige private Unterkunft im staatlichen Addo Elephant National Park. Gäste wohnen in noblen Zeltchalets. Das Haupthaus von 1856 wurde liebevoll im alten Stil restauriert. Man hat Blick auf ein von Wildtieren besuchtes Wasserloch. ■ Im Addo Elephant Park, Tel. 042/235 11 23, www.gorah.hunterhotels.com

Port Elizabeth 54

€€ | The Beach Hotel In einem charmanten Gebäude aus den 1920er-Jahren untergebracht. Vor allem die Buntglasfenster und Kronleuchter im Frühstücksraum erzählen von vergangenen Tagen. Die Zimmer sind hell und freundlich mit modernem Komfort. Das Haus liegt perfekt am Hobie Beach und Boardwalk. ■ Marine Dr Summerstrand, Port Elizabeth, Tel. 041/583 21 61

Eastern Cape 55

€–€€ | Die Tuishuise & Victoria Manor Die Gäste wohnen in einzelnen und individuell eingerichteten Cottages im Karoo-Stil. Man nächtigt wie in einem Mini-Museum und fühlt sich in den Kolonialalltag der 1850er-Jahre zurückversetzt. Charmante Unterkunft mit persönlichem Service und nettem Restaurant. ■ Market St, Cradock, Tel. 048/881 13 22, www.tuishuise.co.za

Wild Coast 59

€ | Bulungula Lodge Die Lodge gehört den in der Gegend ansässigen Xhosa, die auch Aktivitäten wie Wanderungen, Kanufahrten und Besuche in den Dörfern organisieren. Als Unterkünfte stehen Bungalows im Rondaval-Stil und komfortable Zelte zur Verfügung. Die Lodge wird umweltfreundlich betrieben und ist für ihre lässige, authentische Atomsphäre bekannt. ■ 2,5 Std. von Coffee Bay, Tel. 47 577 89 00, www.bulungula.com

ADAC *Das besondere Hotel*

Das **Drostdy Hotel** ist eine noble Unterkunft im Country-Schick. Übernachtet wird in stilvoll renovierten Cottages mit Möbeln wie aus Urgroßmutters Zeiten. Das Hotel nutzt außerdem die Gebäude des ehemaligen Verwaltungssitzes, die Ende des 18. Jh. im kapholländischen Stil errichtet wurden. Restaurant, Spa, Bücherei und Lounge sind darin untergebracht. Im Inneren öffnet sich eine Schatzkiste voller Antiquitäten.

€€ | 30 Church St, Graaff-Reinet, Tel. 049/ 892 21 61, www.newmarkhotels.com

Die Ostküste: KwaZulu-Natal

Die afrikanischste Provinz Südafrikas. Die Kultur der Zulus ist sehr lebendig, die Natur grandios, und die Naturparks sind spektakulär

KwaZulu-Natal mit der Hauptstadt Pietermaritzburg und der Wirtschaftsmetropole Durban besitzt eine große Vielfalt an touristischen Höhepunkten. Von allen Schönheiten Südafrikas hat diese sonnenverwöhnte Region im Osten des Landes offenbar nur das Beste abbekommen. Am Indischen Ozean laden endlose Sandstrände zum Erholen ein, es gibt sattgrüne Hügellandschaften in den Midlands, zahlreiche Wildreservate für Safarifans und in den spektakulären, bis 3000 m hohen Drakensbergen hervorragende Wandermöglichkeiten. Ein Naturparadies ist der iSimangaliso Wetland Park mit einer einzigartigen Tier- und Pflanzenwelt, Lagunen, Dünen und Küstenwäldern. Die Battlefields-Region erzählt schließlich von den zahlreichen historischen Schlachten zwischen Zulus, Buren und Briten. Neben den Traditionen der in KwaZulu-Natal beheimateten Zulus, die überall präsent sind, finden sich an vielen Orten Zeugnisse europäischer Besiedlungsgeschichte. In den Drakensbergen stößt man auch auf Spuren der San, die hier ursprünglich zu Hause waren. Dort sind bis zu 8000 Jahre alte Felszeichnungen dieser Ureinwohner zu finden.

In diesem Kapitel:

ADAC Top Tipps:

6 **Drakensberge**
| Landschaft |

Das spektakuläre Bergmassiv an der Grenze zu Lesotho bietet grandiose Ausblicke und wunderbare Wandermöglichkeiten. Zudem gibt es jahrtausendealte Felsmalereien. 75

7 Hluhluwe iMfolozi Park

| Nationalpark |

Dieser Park ist die Urheimat der gefährdeten Nashörner und eine hervorragende Safarialternative zum Krüger Park. Die Besucher erwarten eine sanfte Hügellandschaft und eine sattgrüne Natur. 79

ADAC Empfehlungen:

15 Golden Mile, Durban

| Promenade |

Ewig lange Strandpromenade in Durban – ein Eldorado für Badelustige, Surfer und alle, die gern am Wasser entlangbummeln. 66

16 uShaka Marine World, Durban

| Vergnügungspark |

Familienfreundliche Attraktion mit Meeresaquarium. 66

17 Warwick-Märkte, Durban

| Markt |

Hier pulsiert das Herz der Stadt. Besonders spannend sind der Zulu-Markt und der Markt der Heiler. 67

18 Oribi Gorge Nature Reserve

| Canyon |

Spektakuläre Schlucht im Hinterland der South Coast mit tollem Panorama und interessanter Vogelwelt. 73

12 Durban

Multikulturelle Metropole und Wirtschaftszentrum

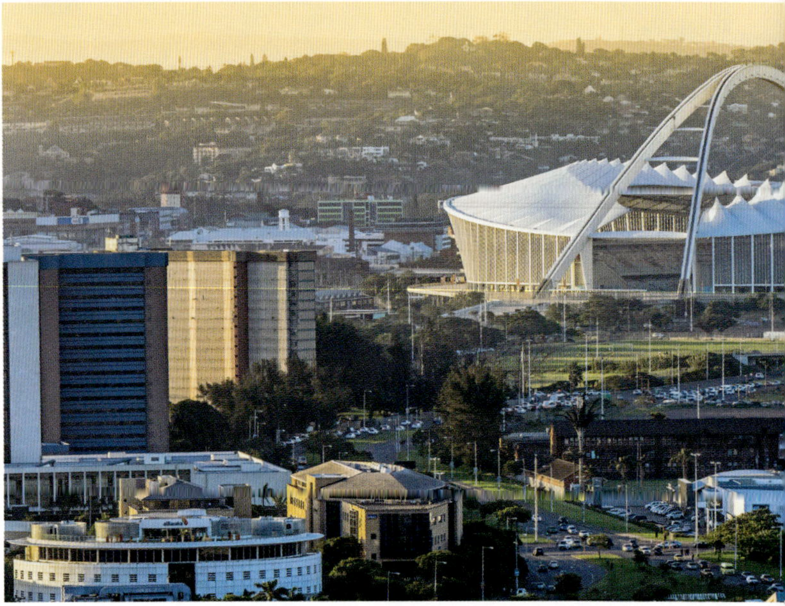

Das Moses-Mabhida-Stadion wurde für die Fußball-WM 2010 gebaut

i Information

■ Beim Touristenbüro gibt es Kartenmaterial und Führer zu unterschiedlichen Themen. Durban Tourism, 90 Florida Rd, Durban 4001, Tel. 031/322 41 64, www.durbanexperience.co.za, Mo–Fr 8–16.30, Sa 9–14 Uhr

■ Parken: siehe S. 70

Durban gilt mit mehr als 300 Sonnentagen im Jahr und angenehm warmem Meer als die beste Badedestination Südafrikas. Die Stadt am Indischen Ozean ist ein Schmelztiegel, eine vibrierende Metropole, in der die Kulturen Afrikas, Europas und Asiens aufeinandertreffen. Exotische Märkte mit Zulu-Handwerk und traditioneller Medizin, ein reges Strandleben, eine eindrucksvolle Architektur und eine bunte Musik- und Kunstszene bilden ein facettenreiches Ensemble. In Durban lebt eine große indische Gemeinde. Die Inder kamen im 19. Jh. als Sklaven nach Südafrika, um auf den Zuckerrohplantagen zu arbeiten. Viele haben in und um Durban eine neue Heimat gefunden. Sie prägen heute das Stadtbild und bereichern die Küche mit würzigen Currygerichten und dem Straßensnack »Bunny Chow«.

Auch geschichtlich ist Durban eine der interessantesten Städte Südafrikas. So kam 1893 Mahatma Gandhi als junger Anwalt nach Durban und entwickelte

Plan
S. 69

seine Philosophie des gewaltlosen Widerstands. Der Freiheitskämpfer und südafrikanische Nationalheld Nelson Mandela hat hier ebenfalls seine Spuren hinterlassen. Im Ohlange Institute im Großraum Durban, einer ehemaligen Schule, gab er am 27. April 1994 seine Wahlzettel zur ersten freien Wahl in Südafrika ab und leitete damit eine neue Ära ein. Sowohl das Ohlange Institute als auch das ehemalige Wohnhaus von Mahatma Gandhi, die beide dicht beieinanderliegen, sind heute Besucherzentren und können besichtigt werden.

Architektonisch besitzt Durban ebenfalls eine Besonderheit. Für viele Besucher überraschend, findet sich hier eine beachtliche Anzahl von Art-déco-Bauten. In den 1930er-Jahren fand der weltweit populäre Stil mit seinen strengen geometrischen Linien und den pastellfarbenen Anstrichen seinen Weg in die südafrikanische Hafenstadt. Vor allem Wohnblocks aus den 1930er- und 1940er-Jahren wurden nach den neuen Designideen gestaltet. Durbans Art Deco Society (www.durbandeco.org.za) hat reizvolle Spaziergänge zusammengestellt, die zu den schönsten Gebäuden des Art déco führen, darunter das Colonial Mutual Building, das neben den klassischen Stilelementen auch afrikanische Motive wie Antilopen und Löwenköpfe verwendet.

Wer die lebenslustige Seite Durbans kennenlernen möchte, begibt sich am besten an die Golden Mile. Hier reihen sich feinste Sandstrände wie Perlen auf einer Schnur aneinander. Das Wasser lädt zum Schwimmen ein, was durchaus zu empfehlen ist, denn der Indische Ozean hat angenehme Temperaturen, und Lifeguards sowie Hainetze vor den Küsten sorgen für gefahrloses Baden. Wer entspannen möchte, setzt sich einfach in eines der netten Cafés, genießt Cappuccino oder Cocktail und schaut den Surfern zu.

Am Abend feiert Durban vorzugsweise an der Florida Road im Stadtteil Morningside. Rap- und Jazzmusik klingen aus den Bars, und die Schönen der Nacht treffen sich in den Clubs und Restaurants. Unabhängig von Hautfarbe und Nationalität treffen sich die Jungen und Junggebliebenen und lassen die Nacht zum Tag werden.

Sehenswert

1 Golden Mile

| Promenade |

15 *Treffpunkt für Badelustige, Surfer und Spaziergänger*

Golden Mile heißt die belebte Strandpromenade Durbans, die sich über mehrere Strandabschnitte hinzieht und eine beliebte Flaniermeile für Einheimische und Touristen ist. Die bekanntesten Strände sind North Beach und South Beach. Auf der Seeseite branden die Wellen des Indischen Ozeans an den feinen Sandstrand, auf der anderen Seite laden Restaurants und Cafés zu einem Snack oder Getränk ein. Zu sehen gibt es immer etwas, zumal sich hier die Surfer treffen und auf die perfekte Welle warten. Schon frühmorgens erwacht die Golden Mile, wenn Büroangestellte vor der Arbeit ein erfrischendes Bad nehmen oder den Strand entlangjoggen. Fußmüde können sich in eine der reich verzierten Rikschas setzen. Seit einigen Jahren gibt es auch einige Fahrradstationen, sodass man sich ein Zweirad ausleihen und ganz flexibel und nach eigener Zeiteinteilung die Golden Mile erkunden kann.

ADAC *Mobil*

Rund 6 km misst die **Golden Mile** in Durban, eine Strandpromenade mit Hotels, Restaurants und Vergnügungseinrichtungen. Die Flaniermeile ist breit angelegt und asphaltiert, sodass sich eine **Fahrradtour** anbietet. Eine ganze Reihe von Verleihern hat sich darauf spezialisiert und stellt Zweiräder dafür bereit. Geradelt wird auf eigene Faust. Sicherheitsbedenken gibt es tagsüber nicht, und verirren kann sich auch niemand, denn es geht stets an der Wasserkante entlang.

2 Moses-Mabhida-Stadion

| Architektur |

Nur einen Steinwurf von der Strandpromenade entfernt wartet ein weiteres Highlight: das Moses-Mabhida-Stadion. Errichtet wurde es anlässlich der Fußball-Weltmeisterschaft 2010 in Südafrika. Heute gilt es mit seinem eindrucksvollen Stadionbogen als neues Wahrzeichen Durbans. Die Besucher der Arena können im »Skycar« zum höchsten Punkt des Stadionbogens in 104 m Höhe fahren und von dort einen wirklich sensationellen 360-Grad-Blick über Durban und das Umland genießen. Besonders Mutige stürzen sich auch mit einem Bungee-Sprung in die Tiefe.

■ 44 Isaiah Ntshangase Rd, Stamford Hill, Tel. 031/582 82 22, www.mmstadium.com, Mo–So 9–17 Uhr

3 uShaka Marine World

| Vergnügungspark |

16 *Spiel, Spaß und Informationen rund ums Thema Meer*

Die uShaka Marine World am Südende der Golden Mile ist eine der touristischen Hauptattraktionen der Stadt. Der maritime Themen- und Wasserpark besitzt das größte Aquarium der südlichen Hemisphäre mit Haien, Rochen, Schildkröten und vielen seltenen Meerestieren. Die Attraktion Wet 'n Wild zieht mit Wasserrutschen und Erlebnispools vor allem Familien an. Haifütterungen sowie Delfin- und Seehundshows werden ebenso geboten wie das Tauchen mit Haien und das Schnorcheln bei tropischen Fischen. Ergänzt wird das Angebot durch eine Shoppingmeile sowie diverse Cafés und Restaurants, darunter das Cargo Hold, das inmitten des Aquariums angesiedelt ist und es ermöglicht, den vorbeigleitenden Fischen zuzuschauen, während man sich stärkt.

■ 1 King Shaka Ave, Point, www.ushakamarineworld.co.za, tgl. 9–17 Uhr

4 Warwick-Märkte

| Markt |

17 *Ein Muss für Shoppingfans und Streetfoodliebhaber*

Kaum eine andere Stadt Südafrikas hat ein derart trubeliges Markttreiben wie Durban. Neun Märkte, bekannt als Warwick-Märkte, haben sich um eine belebte Kreuzung, die Warwick Junction, angesiedelt. 6000 bis 8000 Händler, so wird geschätzt, bieten ihre Waren feil. Das Gassengewirr ist schwer überschaubar, sodass es sich empfiehlt, sich einem kundigen Guide anzuvertrauen. Einige der Märkte haben klassische Waren wie Fleisch, Fisch oder Gemüse im Angebot. Andere wiederum muten sehr exotisch an. Da gibt es den Rinderkopfmarkt, den Zulu-Markt mit traditioneller Kleidung der Zulu-Volksgruppe und fein gearbeiteten Perlenschmuck sowie den Heiler-Markt. Auf diesem verkaufen Kräuterkundler ihre Pflanzenmischungen und Tinkturen. Viele Einheimische vertrauen auf die Kräutermedizin und holen sich hier Rat, wenn sie Schmerzen, Verdauungsprobleme oder auch Liebeskummer haben. Touristen sollten zurückhaltend sein und nur mit ausdrücklicher Erlaubnis fotografieren.

Die 32 Becken der uShaka Marine World bilden eines der größten Aquarien der Welt

ADAC *Mittendrin*

Durban hat eine lebendige **Street-Art-Szene.** Einer ihrer Vordenker ist der Graffitikünstler Iain EWOK Robinson. »Für mich ist Graffiti nicht nur eine Kunstform, sondern eine Auseinandersetzung mit der Gesellschaft und ihrem Druck zur Anpassung«, sagt er. Street-Art lässt sich heute vor allem im Stadtviertel Glenwood bestaunen.
Ausgangspunkt für einen Rundgang ist das KwaZulu-Natal Society of Arts (KZNSA), 166 Bulwer Rd, Tel. 031/277 1705, www.kznsagallery.co.za

Unproblematisch ist dagegen ein Bummel über den indischen Markt. Hier duftet es nach den für das Land so typischen Gewürzen wie Kardamom, Koriander und Kreuzkümmel. Frauen, die in bunten Saris auf Einkaufstour gehen, gehören auf diesem Markt zum Bild.

5 Durban Botanic Gardens

| Botanischer Garten |

Der botanische Garten Durbans ist der älteste noch intakte Garten seiner Art auf dem afrikanischen Kontinent. Einheimische und exotische Pflanzen können die Besucher hier ebenso bewundern wie eine bemerkenswerte Orchideensammlung. Die Durban Botanic Gardens sind eine grüne Oase inmitten der Stadt und dienen häufig als romantische Kulisse für Hochzeiten. Ein kleiner Shop verkauft Accessoires rund um das Thema Pflanzen und Garten.

■ 9A John Zikhali Rd, Musgrave, Tel. 031/322 40 21, www.durbanbotanicgardens.org.za, 7.30–17.30, Orchideenhaus 9–17 Uhr

6 Phansi Museum

| Museum |

Privates Museum mit einer eindrucksvollen Sammlung zur Zulu-Kultur, darunter Schmuckstücke, Gebrauchsgegenstände, Musikinstrumente und Amulette. Besonders interessant sind die lebensgroßen Puppen, die die traditionelle Kleidung verschiedener südafrikanischer Volksgruppen tragen. Museumsgründer und -besitzer Paul Mikula kann zu jedem Exponat kenntnisreich etwas erzählen und führt auch auf Deutsch.

■ 500 Esther Robert Rd, Glenwood, Tel. 031/206 28 89, www.phansi.com, Mo–Fr 8–16, Sa 10–14 Uhr

7 Florida Road

| Flaniermeile |

Die Florida Road ist die Party- und Vergnügungsmeile in Durban. Eine Bar reiht sich an die nächste, dazwischen sind Cafés und Restaurants, Galerien und Boutiquen. Am Abend flanieren die Nachtschwärmer durch die schmale Straße mit den teils viktorianisch verzierten Häusern, die liebevoll restauriert wurden. Wer multikulturelles Flair schnuppern möchte, ist hier richtig. Das kulinarische Angebot reicht von mediterraner über mexikanische bis zu indischer Küche. Wer nur einen Snack braucht, wählt am besten Durbans Streetfood-Bestseller Bunny Chow, ein würziges Curry in einem ausgehöhlten Brot.

8 Sharks Board

| Forschungszentrum |

Durban und die Küsten KwaZulu-Natals sind Haigebiet – auch die gefährlichen Tigerhaie, Bullenhaie und Weißen Haie schwimmen vor den Küsten. Nachdem es in den 1950er-Jah-

ren zu einer Reihe von schwerwiegenden Unfällen mit Haien kam, wurde das KwaZulu-Natal Sharks Board Maritime Centre of Excellence gegründet. Es hat über die Jahre vor Durbans Küste und an vielen weiteren Strandabschnitten im Norden und Süden 400 m vor dem Strand Hainetze angebracht. Diese halten die Tiere zusammen mit speziellen Ankern, die Köder tragen, von den Badenden und Surfern fern. Das Sharks Board dient aber nicht nur dem Schutz der Menschen, sondern betreibt als eine weltweit anerkannte Institution auch Forschung zu Haien. Wer sich für die Räuber mit den messerscharfen Zähnen interessiert, kann beim Sharks Board eine interessante Präsentationsschau und ein Museum besuchen. Oder er nimmt an einer frühmorgendlichen Bootstour teil, die genau zeigt, wie die Hainetze und andere Maßnahmen, die Tiere abhalten sollen, funktionieren.

Der spannende und sehr informative Ausflug ist auch deshalb lohnenswert, weil sich zum Sonnenaufgang ein spektakulärer Blick auf die Skyline von Durban bietet. Haitouren, Haipräsentationen und Museumsbesuche können beim Sharks Board gebucht bzw. angefragt werden. Die Bootstouren finden wetterabhängig statt, in der Regel Montag bis Freitag am frühen Morgen.

■ 1a Herrwood Dr, Umhlanga, www.shark.co.za, Tel. 031/566 04 35 (Buchungen, Anfragen), 082/403 92 06 (Bootstouren), Museum Mo–Fr 8–16, So 14–16, Präsentationsschauen Di–Do 9 und 14 Uhr

P Parken

■ Es gibt wenig bewachte Parkplätze. Häufig trifft man auf – meist selbster-

Im Blickpunkt

Gandhi in Südafrika

Gut eine halbe Million Inder wohnt in der Drei- bis Vier-Millionen-Stadt Durban und setzt mit ihrer Küche, den Hindu-Tempeln und opulenten Hochzeiten im Bollywood-Stil exotische Akzente. Sie kamen in der zweiten Hälfte des 19. Jh. über den Hafen von Durban nach Natal, um dort in den Zuckerrohrplantagen zu arbeiten.
Mit ihnen kam Mahatma Gandhi. Der junge Rechtsanwalt reiste 1893 nach Südafrika und erlebte Diskriminierung am eigenen Leib. Er löste am Bahnhof von Durban ein Erstklassticket nach Johannesburg und wurde nach kurzer Fahrt in Pietermaritzburg aus dem Zug geworfen, da in der Ersten Klasse keine indischen Passagiere geduldet wurden. Für Gandhi ein Schlüsselerlebnis, das zu seiner Politisierung beitrug.
21 Jahre lang setzte sich Gandhi in Südafrika für die Rechte der indischen Gemeinschaft ein. Erst als er Sonderrechte für sie erwirkt hatte, kehrte er in seine Heimat zurück, um dort seine Mission des gewaltlosen Widerstands fortzusetzen. Spuren seines Wirkens lassen sich rund um Durban entdecken, etwa im Bahnhof von Pietermaritzburg und im Phoenix Settlement, wo sein ehemaliges Wohnhaus als Museum wiederaufgebaut wurde.
Nur wenige Kilometer entfernt war ein anderer charismatischer Friedenspolitiker aktiv: Im Ohlange Institute schritt Nelson Mandela am 27. April 1994 das erste Mal zur Urne und gab seine Stimme in freien Wahlen ab. Die Entscheidung für diesen Ort war eine Verneigung vor John Langalibalele Dube, dem Gründer des Ohlange Institute und ersten Präsidenten des ANC, der in Ohlange beerdigt liegt. Nach der Wahl besuchte Mandela dessen Grab und erklärte: »Herr Präsident, ich bin gekommen, um Ihnen mitzuteilen, dass Südafrika seit heute ein freies Land ist.«

nannte – Parkwächter, die das Auto am Straßenrand beschützen wollen. Viele Südafrikaner geben dafür freiwillig ein paar Münzen (2 bis 5 Rand je nach Dauer, das sind ca. 10 bis 30 Cent).

Restaurants

€€ | Dukkah Restaurant And Bar Cooles Ambiente, netter Service und leckere Gerichte mit zum Teil indischer Geschmacksnote. Das Dukkah serviert originelle Fusionküche und ist ein empfehlenswertes Restaurant für alle, die sich danach auf der Florida Road in den Bars und Clubs vergnügen möchten. ■ 59 Florida Rd, Tel. 031/828 19 70, www.dukkah.co.za

€€ | The Cargo Hold Wer Nervenkitzel liebt, nimmt seinen Snack im The Cargo Hold in der uShaka Marine World ein. Es ist in den Bauch eines alten Schiffes integriert, und so stupsen dort Haie mit ihrer Nase an eine raumhohe Glaswand, während man seinen Lunch oder das Dinner einnimmt. Passend zum Ambiente finden sich viele Meeresfrüchtegerichte auf der Menükarte. Das Essen ist gut, wenn auch nicht überragend, doch das originelle Ambiente spricht auf jeden Fall für einen Besuch. ■ Bell St – uShaka Marine World, Tel. 031/328 80 65

Einkaufen

The African Art Center Das Non-Profit-Unternehmen unterstützt lokale Künstler und Kunsthandwerker. Der Shop hat eine große Auswahl an hochwertig gearbeiteten Stücken, darunter etwa Körbe, Tonkrüge, Perlenarbeiten, Schmuck, Wandbehänge und Gemälde. ■ 94 Florida Rd, Morningside, afriart.org.za, Mo–Fr 8.30–17, Sa 9–15 Uhr

Gefällt Ihnen das?

Mögen Sie die **Florida Road** mit ihren Restaurants und Clubs? Dann besuchen Sie in Kapstadt auf jeden Fall die hippe **Long Street** (siehe S. 21). Vor allem am Abend wird es dort lebendig. Einheimische und Touristen treffen sich, um die Nacht zum Tag werden zu lassen. Auch das Flair dieser Straße wird Ihnen gefallen.

Victoria Street Market Das Marktgebäude an der Victoria Street (neuer Name: Berta Mkhize Street) verströmt indisches Flair. Es duftet nach exotischen Gewürzen, und wer möchte, kann sich seine persönliche Mischung zusammenstellen lassen. Auch afrikanische Souvenirs wie Perlenarmbänder, Holzfiguren und Ledertäschchen sind zu finden. Gegenüber der Markthalle steht übrigens die größte und prächtigste Moschee Südafrikas. ■ 151–55 Bertha Mkhize St, Tel. 031/306 40 21, www.victoriastreetmarket.co.za, Mo–So 8–17 Uhr

Kneipen, Bars und Clubs

Panorama Bar im Southern Sun Elangeni & Maharani Die Panorama Bar, eine Hotelbar mit Meerblick, ist einer der unbestrittenen places to be in Durban. Hier treffen sich Einheimische und Besucher gern zu einem Plausch bei Cocktail, Bier und kleinen Speisen. Das lässige und kosmopolitische Ambiente und der wunderbare Blick machen die Bar zur beliebtesten Location an der Strandpromenade. ■ 63 Snell Parade, www.tsogosun.com/panoramabar, 031/362 13 00, Di–Do 9–22, Sa, So und Ferienzeiten 9–23 Uhr

ADAC *Mittendrin*

Ein spektakuläres Naturschauspiel vor den Küsten Durbans ist der **»Sardine Run«.** Abermillionen von Sardinen wandern, meist zwischen Mai und Juli, die Ostküste Südafrikas hinauf. Die Schwärme können bis zu 15 km lang und bis zu 1 km breit sein. Sie sind sogar vom All aus zu sehen. In ihrem Gefolge kommen hungrige Räuber wie Thunfische, Makrelen oder Wale, die sich das Festmahl nicht entgehen lassen wollen.

Erlebnisse

Art-déco-Tour Neben viktorianischen, afrikanischen und asiatischen Einflüssen hat auch der Art déco dem städtischen Erscheinungsbild einen Stempel aufgedrückt. Verstreut in den Bezirken, finden sich mehr als 100 Gebäude in diesem Stil, zum Teil mit afrikanischer Prägung. »The Durban Art Deco Society« stellt Infomaterial zur Verfügung und bietet sporadisch Führungen an. Zur besseren Orientierung sind drei Art-déco-Areale ausgewiesen: die Central Area mit Schwerpunkt auf klassischem Art déco, die Grey Street Area mit indoafrikanischem Fokus und die Berea Area, in der viele Gebäude mit typisch stromlinienförmigen Silhouetten zu bewundern sind. Wer auf eigene Faust auf Entdeckungstour gehen möchte, findet auf der Website der Society Hintergrundinformationen und Pläne. Doch auch wer einfach nur Durbans Strandpromenade entlangschlendert, wird sicher auf Art-déco-Architektur stoßen.
■ www.durbandeco.org.za

13 South Coast

Die Sonnenküste Südafrikas – goldene Strände und ein grünes Hinterland

Information

■ Tel. 039/682 79 44, www.tourismsouthcoast.co.za

Mehr als 300 Tage Sonne, zahllose Strände, tropische Vegetation, ideale Bedingungen für Badelustige und Fans des Wassersports: Die South Coast südlich von Durban ist das Ferienparadies Südafrikas. Auf einer Strecke von rund 120 km von Durban Richtung Süden bis Port Edward liegen goldene Sandstrände, breit und oft menschenleer, sodass hier jeder ein Plätzchen findet, um sein Badehandtuch auszurollen und sich der Entspannung hinzugeben. Zu den populärsten Stränden gehören der Banana Beach mit den natürlichen Pools aus Stein, der Strand St. Michael's on Sea an der Mündung des Umhlangeni-Flusses, der Uvongo Beach mit einem Wasserfall, der in eine Lagune plätschert, und der Silver Beach in Port Edward, der vor allem Surfer und Angler anzieht. Zahlreiche Hotels, Gästehäuser und Campingplätze haben Unterkünfte für jeden Geschmack und Geldbeutel. Dazu finden sich Restaurants, Shoppingmöglichkeiten und Sportangebote – das ideale Umfeld für Rundum-sorglos-Urlaub. Vor allem in den Sommerferien im Dezember und Januar ist die South Coast fest in der Hand von Urlaubern aus Johannesburg. Doch auch im Hinterland gibt es einige Attraktionen, darunter das Empisini-Naturreservat mit einer eindrucksvollen Vogelwelt, das Um-

Nur für sechs Mutige gleichzeitig: schmale Hängebrücke über der Oribi Gorge

tamvuma-Naturreservat mit den stark gefährdeten Kapgeiern und das Oribi-Gorge-Naturreservat mit einer spektakulären Schlucht.

Sehenswert

Oribi Gorge

| Canyon |

18 *Großartige Schlucht im Hinterland der South Coast*

Wer gut 20 km von Port Shepstone Richtung Inland fährt, erreicht eines der spektakulärsten Naturwunder von KwaZulu-Natal: die Oribi Gorge, eine 300 m tiefe Schlucht mit faszinierenden Ausblicken. Eine der besten bietet sich vom Leopard Rock Café. Wer auf die Veranda hinaustritt, blickt auf eine grandiose Naturlandschaft. Der Umzilkulwana-Fluss hat sich hier in jahrtausendelanger Arbeit in den Felsen geschnitten und schlängelt sich nun in der Tiefe um ein mächtiges Felsplateau. Man kann in der Oribi Gorge wandern, Vögel beobachten oder sich als Bungee-Jumper in die Tiefe stürzen. Man kann aber einfach auch am Rand der Schlucht sitzen, auf den silbrig schimmernden Flusslauf in der Tiefe blicken, den perlenden Wasserfällen zu schauen und die Felsenadler beobachten, die über der einmaligen Szenerie ihre weiten Kreise ziehen.

Cafés

Leopard Rock Café Selbst gebackener Kuchen, kleine Snacks und ein sensationeller Ausblick machen dieses Café zu einer Top-Adresse. Es gibt auch Übernachtungschalets. ■ Tel. 074/124 09 02, www.leopardrockc.co.za, Mi–So 9–16 Uhr

14 Midlands und Pietermaritzburg

Idyllische Hügellandschaft und Paradies für Gourmets und Kunstfans

Information

■ Tel. 033/330 81 95, www.midlandsmeander.co.za

Die malerische Landschaft der Midlands mit ihren grünen Hügeln erstreckt sich von Pietermaritzburg in Richtung Nordwesten bis nach Estcourt. Von touristischem Interesse sind vor allem die als »Midlands Meander« bezeichneten Erkundungsrouten, die Liebhaber von Kunst und Kunsthandwerk ansprechen. Sie zeigen nicht nur die landschaftlichen Höhepunkte der Region, sondern präsentieren Galerien sowie Kunsthandwerkstätten und verweisen auf kulturelle Events. Wer hier unterwegs ist, kann sich von der Geschicklichkeit und der Kreativität von Kunstmalern, Töpfern und Webern überzeugen. Auch kulinarische Anlaufstellen gibt es bei den rund 150 Stationen. Käse, Schokolade, Bier, Gin und Wein, alles aus eigener Produktion und teils nach alten Rezepten hergestellt, können probiert und gekauft werden.

Sehenswert

Pietermaritzburg

| Stadtzentrum |

Der geschichtsträchtige Ort wurde 1838 von den Voortrekkern gegründet und weist heute noch eine ganze Reihe von historisch interessanten Gebäuden auf. 1843 übernahmen die Briten die Regierung und gaben der Stadt am Umsindusi-Fluss ihre britisch-koloniale Prägung. Viktorianische Häuser und gusseiserne Arkaden zeugen ebenso von dieser Zeit wie der botanische Garten von 1874, der für seine Azaleen und Kamelien berühmt ist und der Stadt den Beinamen »City of Flowers« gab. Wer diese historische Phase nacherleben möchte, kann ins Voortrekker Museum gehen. Dort finden sich Ochsenwagen, Haushaltsgegenstände und Bibeln der Voortrekker, aber auch Zeugnisse der Zulu-Kultur wie der prächtig geschnitzte Stuhl von Zulu-König Dingaan. Heute zeugen u. a. der alte Bahnhof und die City Hall mit den 42 Glockentürmen vom Glanz alter Tage, der allerdings einige Kratzer abbekommen hat.

■ Chief Albert Luthuli St/Commercial Rd, Tel. 033/392 28 01, www.tatham.org.za, Di–Sa 10–17 Uhr

Nelson Mandela Capture Site

| Gedenkstätte |

Eine überdimensionale Skulptur erinnert nahe der Stadt Howick daran, dass Nelson Mandela an dieser Stelle am 5. August 1962 verhaftet wurde und in Folge 27 Jahre auf Robben Island im Gefängnis saß. Die fast 10 m hohe und 30 m breite Skulptur aus 50 eisernen Stelen soll Mandelas langen Weg in die Freiheit symbolisieren. Ein Besucher- und Informationszentrum sowie einige Kunsthandwerkshops sind angeschlossen.

■ R103 Howick, KwaZulu-Natal, Tel. 033/330 81 95, www.thecapturesite.co.za, Mo–So 9–16 Uhr

Ardmore

| Künstleratelier |

Die von Fée Halsted gegründete Designlinie Ardmore Design, die afrikanische Themen und Motive aufgreift und sie künstlerisch neu interpretiert, genießt internationale Reputation. Zahlreiche Künstler, darunter die Ausnahmeerscheinung Bonakele Ntshalintshali, tragen mit ihren kreativen Ideen und ihren handwerklichen Fähigkeiten zum Erfolg von Ardmore bei. Neben vielen Auszeichnungen und der Teilnahme an Ausstellungen konnte Ardmore 2016 einen besonderen Erfolg verzeichnen, als die französische Luxusmodemarke Hermès eine Kooperation mit Ardmore einging und Motive der Künstler zur Gestaltung von Seidenstoffen verwandte. Ardmore lädt Interessierte zu einem Rundgang durch die Werkstätten, das Museum und die Verkaufsräume ein.

■ Caversham Rd, Tel. 033/940 00 34, www.ardmoreceramics.co.za

15 Drakensberge

6 *Faszinierende Landschaften für Naturliebhaber und Trekkingfans*

i Information

■ Ezemvelo KZN Wildlife Headquarters, Peter Brown Dr, Queen Elizabeth Park, Pietermaritzburg, Tel. 033/845 19 99, www.kznwildlife.com, Mo–Fr 8–16, Sa 8–13 Uhr

■ Central Drakensberg Information Center, R600, Info Centre Building, Tel. 036/488 12 07, www.cdic.co.za, Mo–Fr 9–17 Uhr

Die zerklüfteten grünen Drakensberge, die die Grenze zwischen Südafrika und dem gebirgigen Königreich Lesotho bilden, gehören zu den spektakulärsten Landschaften Südafrika. Auf einer Länge von mehr als 1000 km ragen die weit über 3000 m hohen Bergriesen in den Himmel und bilden eine atemberaubende und theatralische Kulisse. Der uKhahlamba-Drakensberg Park fasst alle Nationalparks und Naturreservate zusammen und zählt zum Weltkulturerbe, u. a. wegen der 500 bis 8000 Jahre alten Felsmalereien der San. Das Gebiet des Parks umfasst u. a. den Royal National Park im Norden, das zentrale Bergland (Champagne Castle, Cathedral Peak, Giant Castle) und das südliche Bergland (Loteni Nature Reserve, Kamberg Nature Reserve, Mzimkulwana Nature Reserve). Die Zulus nannten das Gebirge uKhahlamba – Festungswall der Speere –, was angesichts der fast senkrecht aufragenden Steilwände leicht nachvollziehbar ist. Die Voortrekker wählten den Namen Drakensberge – die Berge des Drachens –, da ihre Silhouette einem Drachen gleicht, der über die Gipfel gleitet. Die Drachenberge faszinieren die Besucher mit spektakulären Wasserfällen, einmaligen Tälern, reißenden Flüssen, geheimnisvollen Höhlen und mächtigen Bergzacken. Vor allem Naturliebhaber, Wanderer und Bergsteiger finden hier ihr Paradies.

ADAC *Mobil*

Südafrikas Landschaften hoch zu Pferde entdecken? Für passionierte Reiter und alle Pferdefreunde ist das ein Traum. In den Midlands bieten etliche Farmen **Reitaktivitäten** an. Auch in einigen privaten Wildreservaten, z. B. Pakamisa in KwaZulu-Natal oder Ant's Nest & Hill in Limpopo, sind Ausritte kombiniert mit Tierbeobachtungen möglich.

Der Mont-aux-Sources im Royal Natal National Park an der Grenze zu Lesotho

Sehenswert

Sani Pass

| Panoramastraße |

Das Dach Afrikas erreicht, wer den Sani Pass nimmt. Er ist die höchste Passstraße Südafrikas und der einzige östliche Zugang zum Königreich Lesotho. Die Straße überwindet auf 35 km sagenhafte 1200 Höhenmeter und öffnet grandiose Blicke in das Tal des Mkhomazana River. In früheren Zeiten wurden über den Pass Waren, wie etwa Mohairwolle, mithilfe von Packtieren transportiert. Erst 1948 überwand das erste Auto die Strecke mit ihren engen Haarnadelkurven. Für die Passstraße wird, zumindest für den oberen Abschnitt, ein Geländewagen empfohlen. Verschiedene Wanderungen sind möglich. Touren werden in der Regel von den Unterkünften organisiert, die im oberen Bereich des Passes angesiedelt sind. Wer in dieser Region unterwegs sein möchte, muss jedoch vor allem im Winter mit Schneefällen rechnen.

Cathedral Peak Nature Reserve

| Naturschutzgebiet |

Die Gipfel Cathedral, Cathkin, Champagne Castle und Monk's Cowl prägen die dramatische Bergwelt des Reservats Cathedral Peak. Die hohen Lagen sind eine Herausforderung für Bergsteiger, die mittleren bieten hervorragende Bedingungen für Wanderungen. Die Besonderheit sind die zahlreichen Felszeichnungen der San, die zugänglich sind. Nahe des Didima Camps kann das Rock Art Centre besucht werden. Das traditionelle Leben der Ureinwohner wird in einer Höhle nachgestellt. Die Drakensberge sind eine Fundgrube für San-Zeichnungen. Rund 30 000 Motive wurden an mehr als 500 Stellen entdeckt. Die Zeugnisse zeigen vor allem Menschen und Anti-

lopen, in den südlichen Drakensbergen vermehrt Rinder, Schafe und Pferde. Auch Löwen, Elefanten und Nashörner sind als Hinweise auf andere Kulturen und Regionen zu finden.
■ Anfahrt über Bergville oder Winterton, Information Tel. 036/488 18 80, Anmeldung im Mike's Pass Office, Mo–So 8–16.30 Uhr

Royal Natal National Park
| Nationalpark |
Einer der spektakulärsten Parks in den nördlichen Drakensbergen ist der Royal Natal National Park. Er hat einige der höchsten Gipfel der Region und zeigt eine grandiose Bergwelt, die auf mehr als 80 Wanderwegen erkundet werden kann. Unbestrittenes Highlight ist das Amphitheater, eine mehrere Kilometer lange Felswand, die bis zu 500 m steil nach oben ragt. Hier stürzen die Tugela Falls über fünf Stufen in die Tiefe, wobei die erste im Winter hin und wieder gefriert. Dahinter ragt der 3282 m hohe Mont-aux-Sources, der »Berg der Quellen«, in die Höhe. Er bekam seinen Namen von französischen Missionaren, weil dort mehrere Flüsse entspringen. Neben Pferdeausritten und Forellenangeln ist der Park vor allem als Wanderparadies bekannt. Wer Glück hat, stößt auf Blessböcke, Klippspringer und Paviane oder sieht Bart- und Kapgeier ihre Kreise ziehen.
■ Informationszentrum Royal Natal National Park, Bergville, Tel. 036/438 64 22, www.kznwildlife.com, Mo–Do 8–12.30 und 14–16.30, Fr–So und in den Ferien 8–16.30 Uhr

Kneipen, Bars und Clubs

Sani Mountain Lodge Diese Lodge hat den »höchsten Pub Afrikas«. 2874 m hoch auf dem Sani Pass gelegen, können Besucher hier nicht nur auf dem Dach Afrikas ihr Bier trinken, sondern auch die grandiosen Ausblicke genießen. Genau genommen liegt die Sani Mountain Lodge jenseits der südafrikanischen Grenze im Königreich Lesotho. Für die Einreise ist ein Reisepass notwendig. Wer keinen Geländewagen hat, kann einen Shuttle der Lodge nutzen. ■ Tel. 078/634 74 96, www.sanimountain.ca.za

Wandern

Giant's Cup Trail Er gehört zu den schönsten und den populärsten mehrtägigen Wanderrouten Südafrikas. Der 60 km lange Giant's Cup Trail wird in fünf Tagesetappen unterteilt, die vom Sani Pass bis Bushman's Nek führen. Die Tour ist für alle Wanderlustigen mit normaler Fitness zu bewältigen. Übernachtet wird in einfachen Hütten. Zu den Höhepunkten zählen die grandiosen Aussichten und die Bathplug Cave mit Felsmalereien der San. ■ Buchung über Ezemvelo KZN Wildlife Ezemvelo, Peter Brown Dr, Queen Elizabeth Park, Pietermaritzburg, Tel. 033/845 1999, www.kznwildlife.com, Mo–Fr 8–16, Sa 8–13 Uhr

16 Battlefields

Ehemalige Kriegsschauplätze für geschichtsinteressierte Besucher

Einst tobten hier Schlachten, heute erwarten den Besucher neben Mahnmalen und Gedenkstätten eine liebliche Hügellandschaft, friedvolle Dörfer und schöne Tierreservate: Die Battlefields im Nordwesten der Provinz KwaZulu-Natal sind eine spannende

Die Gedenkstätte in Isandlwana

Region für Südafrika-Reisende und ein Muss für alle, die sich für Geschichte interessieren. Die »Battlefields Route«, zu der es eine informative Broschüre gibt, führt zu den wichtigsten Schauplätzen ehemaliger kriegerischer Auseinandersetzungen. Schon im frühen 19. Jh. kam es in der Region zu Konflikten zwischen verschiedenen Zulu-Stämmen. Zu den bedeutendsten Kämpfen zählten die Schlacht am Blood River 1838 (Voortrekker-Zulu-Konflikt), die Schlacht von Isandlwana und die Schlacht von Rorke's Drift 1879 (Zulu-Krieg), die Schlachten von Laing's Nek, Schuinshoogte und Majuba (Erster Burenkrieg 1880/81), die Schlachten von Talana und Elandlaagte (Zweiter Burenkrieg 1899–1902), die Schlacht von Spioenkop (Jan. 1900; der Versuch der Briten, Ladysmith von den Buren zu befreien) und die Schlacht von Colenso zwischen Buren und Briten (15. Dez. 1899). Insgesamt gibt es auf der Route mehr als 80 Schlachtfelder und Kriegsmonumente.

Sehenswert

Isandlwana

| Gedenkstätte |

Am 22. Januar 1879 wurde in Isandlwana eine Streitmacht von rund 1200 britischen Soldaten von Zulu-Kriegern, die nur mit Speeren bewaffnet waren, fast vollständig ausgelöscht. Dieser Kampf ging als eine der größten Niederlagen der Engländer in ihre Kolonialgeschichte ein. Heute zeugen weiße Hügelgräber von der Tragödie, die es hier gab.

■ Abseits der R68, 70 km südöstl. von Dundee, Tel. 034/271 81 65, Mo–Fr 8–16, So 9–16 Uhr

Rorke's Drift

| Gedenkstätte |

Vom 22. auf den 23. Januar 1879 kämpften 110 Briten erfolgreich gegen eine Übermacht von 4000 Zulus, die zuvor das englische Lager in Isandlwana vernichtet hatten. Sie stellten damit die kurz zuvor in Isandlwana zerstörte Ehre der Briten teilweise wiederher. Rorke's Drift lohnt sich vor allem wegen des sehr informativen Museums.

■ 15 km westl. von Isandlwana an der D30, Tel. 034/642 16 87, Mo–Fr 8–16, So 9–16 Uhr

Blood River

| Gedenkstätte |

Das Wasser des Ncome River, so erzählt man, färbte sich nach einer Schlacht zwischen Voortrekkern und Zulus rot, sodass dieser Kampf fortan als

Schlacht am Blood River in die Geschichte einging. Andries Pretorius verschanzte sich am 16. Dezember 1838 mit knapp 500 Voortrekkern in einer Verteidigungsburg aus Planwagen. Es gelang ihm, mithilfe von Kanonen ein Heer von 13 000 Zulus unter dem Kommando von König Dingane zu schlagen. Viele Tausend Zulus sollen damals ums Leben gekommen sein, während die Voortrekker lediglich Verletzte zu beklagen hatten. Dieser Sieg galt den Voortrekkern als Zeichen, dass es Gottes Wille sei, ihre Eroberungspolitik fortzusetzen. Interessant für heutige Besucher ist ein Bronzedenkmal, das die damalige Burg aus 64 Planwagen darstellt. Dazu gibt es ein aussagekräftiges Museum.

■ 24 km nördl. von Nqutu an der R33, Tel. 034/632 16 95, www.bloedrivier.org.za, tgl. 8–16.30 Uhr

17 Hluhluwe iMfolozi Park

7 *Big-Five-Nationalpark mit einer hohen Nashornpopulation*

i Information

■ Tel. 035/550 84 76, zentrale Reservierung 033/845 10 00, www.kznwildlife.com, Nov.–Feb. 5–19, März–Okt. 6–18 Uhr

Der im Herzen Zululands liegende Hluhluwe iMfolozi Park ist nicht nur die Urheimat der heute überall in der Welt verstreut lebenden Nashörner, er ist auch der älteste Nationalpark Südafrikas. Das Schutzgebiet wurde bereits 1895 eingerichtet, um den wenigen in dieser Region noch verbliebenen Tieren ein Überleben zu sichern. Schon der legendäre Zulu-König Shaka, so ist überliefert, ließ in der sanft gewellten Landschaft kaum ein Tier am Leben, da er seinen Feinden die Nahrungsgrundlage entziehen wollte. Nach Ende seiner Herrschaft wurde der Nashornbestand durch weiße Trophäenjäger weiter dezimiert. Schließlich errichtete die Kolonialverwaltung Natals das Imfolzi Junction Reserve und das nahe gelegene Hluhluwe Valley Reserve. Ab den frühen 1960er-Jahren zogen wieder Elefantenherden über die Hügel, Löwen gingen auf Jagd, Antilopen grasten auf den Lichtungen, und Krokodile warteten im Hluhluwe-Fluss auf Beute. 1989 wurden beide Parks offiziell vereinigt und bieten nun zahlreichen Säugetierarten, darunter den Big Five, Vögeln und Reptilien, eine geschützte Heimat. Das Schutzgebiet verspricht nicht nur hervorragende Bedingungen zur Wildbeobachtung, sondern lässt mit seiner Hügellandschaft die Herzen aller Naturfreunde höherschlagen. Der Hluhluwe-Fluss, der in den Bergen im Norden entspringt und im Osten in den Lake St. Lucia mündet, mäandert durch den Park. An seinen Ufern wuchern Farne, Flechten schmiegen sich an Baumstämme, und zarte Orchideen setzen Farbtupfer ins subtropische Grün.

Erlebnisse

Nashorn-Tracking im Thanda Safari Private Game Reserve Der Hluhluwe iMfolozi Park gilt in Südafrika als eines der besten Schutzgebiete, um die gefährdeten und streng geschützten Nashörner in freier Wildbahn zu sehen. Im angrenzenden Thanda Safari Private Game Reserve kann das Abenteuer noch gesteigert werden. In Begleitung eines Rangers, der zur Sicherheit ein Gewehr trägt, geht es zu Fuß auf Nashornpirsch. Mit etwas Glück begegnet der Safarigast einem der urzeitlich anmutenden Giganten quasi auf Augenhöhe. ■ Anreise über die N2 bzw. D242, nördl. des Hluhluwe Imfolozi, südl. von Mkuze, KwaZulu-Natal, Tel. 032/ 586 01 49, www.thanda.com

18 iSimangaliso Wetland Park

Einzigartiger Nationalpark mit Sumpfwald und Sanddünen

Information

■ Tel. 035/590 16 33/16 02, isimangaliso.com

Der iSimangaliso Wetland Park ist in seiner Zusammensetzung einzigartig in Südafrika und umfasst verschiedene Ökosysteme: Korallenbänke, Strände, Seen, Feuchtbiotope, Waldgebiete und Küstenwälder. Das Gebiet erstreckt sich über 220 km^2 und gliedert sich in drei Abschnitte: den Süden (vom Städtchen St. Lucia aus zu erreichen), das Zentrum (Sodwana Bay, Anreise über die Route 22) und den wenig besuchten, aber atemberaubend schönen Norden (Kosi Bay, Ende der Route 22). Die Artenvielfalt ist beeindruckend, es gibt Karettschildkröten, Lederschildkröten, Wale, Delfine auf der Seeseite und in den Lagunen. An Land lassen sich Antilopen, Zebras, Nashörner, Büffel, Leoparden und viele andere Tiere beobachten. Das eindrucksvollste geografische Merkmal des Parks ist der Lake St. Lucia, der größte Meeresarm Afrikas. Er entstand vor rund 25 000 Jahren, als die Ozeane allmählich zurückwichen. Flankiert wird er von Dünen, die bis zu 200 m aufragen und einen Schutzwall zwischen dem See und dem Indischen Ozean bilden. Der Park hat einen hohen Freizeitwert und ist ein Paradies für Angler und alle, die ihre Zeit gern am Meer verbringen. Es werden zahlreiche Aktivitäten angeboten, die von Hochseefischen über Reiten bis zur Schildkrötenboobachtung reichen.

Sehenswert

St. Lucia

| Stadtzentrum |

Das Örtchen St. Lucia liegt an der Mündung des St.-Lucia-Meeresarms in den Indischen Ozean und ist ein idealer Ausgangspunkt für Erkundungen. Es bieten sich Wanderungen und Bootstouren oder auch Selbstfahrerausflüge entlang des Sees oder der Küste an. In zwei bis drei Stunden ist Cape Vidal erreicht, ein weitläufiger Küstenabschnitt, gesäumt von Dünen, die von Pinien bewachsen sind. Strandliebhaber, Angler und Taucher finden hier ihr

ADAC *Wussten Sie schon?*

Hippos in St. Lucia

Nicht Löwen oder Nashörner sind die für Safarigäste gefährlichsten Tiere, es sind die **Flusspferde.** Tagsüber relaxen sie im Wasser, nachts gehen sie an Land zum Grasen. Wenn sich ihnen dort jemand in den Weg stellt, wird er einfach umgerannt. Für Nervenkitzel sorgt deshalb ein nächtlicher Spaziergang durchs Örtchen **St. Lucia,** denn dort bummeln die Hippos gern durch die Straßen.

Niedlich, aber nicht ungefährlich: Flusspferd im iSimangaliso-Wetland-Park

Paradies. Der Ort St. Lucia zieht im Sommer, vor allem während der Schulferien, viele Urlauber an und hat eine entsprechende Infrastruktur mit Restaurants, Unterkünften, Tankstellen, Supermärkten und Geldautomaten sowie Banken.

19 Zululand und Elephantcoast

Wilde, grandiose Natur und traditionelles Leben der Zulus

i Information

- Infos zu den Parks: www.kznwildlife.com

Der Norden und das nördliche Zentrum von KwaZulu-Natal umfassen die touristisch interessanten Gebiete Zululand und Elephant Coast. Das auch an Wildlife reiche Zululand erstreckt sich von Richards Bay entlang der Küste bis nach Pongola mit den kleinen Städten Ulundi, Eshowe und Empangeni. Hier hat die Volksgruppe der Zulus, die ihren Überlieferungen noch eng verhaftet ist, ihr Stammland. Reisende können traditionelle Zulu-Dörfer wie Shakaland oder DumaZulu besuchen. Dort können sie Zulu-Bier kosten, ihre einheimische Küche kennenlernen, Zeuge von althergebrachten Zeremonien werden und einen Zulu-Heiler besuchen. In Zululand gibt es ausgedehnte Teeplantagen, Rinderfarmen und viele Naturreservate wie den Siyaya Coastal Park, das Umlalazu-Naturreservat sowie das Amatikulu-Reservat. Der gesamte nördliche Küstenabschnitt von KwaZulu-Natal wird als Elephant Coast bezeichnet, ein wildes und wenig entdecktes Areal, das sich vom Lake St. Lucia bis nach Kosi Bay und an die Grenze nach Mosambik erstreckt. Die Tierwelt zeichnet sich hier durch eine große Vielfalt aus. So gilt die Elephant Coast als einziger

Platz auf der Welt, an dem man morgens mit Delfinen, Schildkröten und Rochen schwimmen und nachmittags Elefanten, Löwen und Giraffen begegnen kann.

Sehenswert

Shakaland

| Themenpark |

Shakaland entstand 1984 als Kulisse für eine Fernsehserie – heute dient es als eine Art Themenpark, der die Zulu-Kultur zeigt und begreifbar macht. Nicht alles ist authentisch, und doch erhält der Besucher Einblicke in eine Welt, die ihm sonst verschlossen bliebe. Eine Audioshow erzählt von der Herkunft der Zulus. Auf geführten Rundgängen werden traditionelle Wohnhütten gezeigt und die sozialen Gepflogenheiten im Leben der Zulus erklärt. Ein Mittagsbuffet bietet traditionelle Speisen und lädt zum Bierumtrunk. Höhepunkte sind Tanzvorführungen, die choreografisch ein hohes Niveau haben und so sehr lohnenswert sind.

■ 14 km nördl. von Eshowe an der R68, Tel. 035/460 09 12, www.aha.co.za/shakaland

Ulundi

| Gedenkstätte |

Ulundi gilt als Zentrum des einst mächtigen Zulu-Reiches. Viele bedeutende Zulu-Persönlichkeiten wirkten hier und liegen nun im eMakhosini-Tal, genannt das Tal der Könige, begraben. Nahe der Stadt sind einige Sehenswürdigkeiten einen Besuch wert. Das Denkmal Spirit of eMakhosini liegt 3 km entfernt an der R34 auf einem Hügel und zeigt sieben große Aluminiumhörner, die für diejenigen Herrscher stehen, die dem legendären Zulu-König Shaka vorausgingen. Ein kurzes Stück außerhalb der Stadt findet man die Gedenkstätte Battle of Ulundi Memorial, die der endgültigen Niederlage der Zulus gewidmet ist. Besonders interessant ist das KwaZulu Cultural Museum mit einer Rekonstruktion der ehemaligen Residenz des Königs Cetshwayo und einer bedeutenden Perlensammlung.

Eshowe

| Stadtzentrum |

Eshowe, die alte Hauptstadt des Zululands, diente einst König Cetshwayo als Hauptquartier. Nachdem die Engländer die Zulus besiegt hatten, brannten sie den Ort nieder und errichteten 1883 an dieser Stelle das Fort Nongqai, in dem heute das sehr sehenswerte Zululand Historical Museum untergebracht ist. Nebenan ist im Vukani Museum die Korbflechtkunst der Zulus zu bestaunen. Eshowe ist besonders reizvoll mitten im Dlinza Forest gelegen, ein dicht bewaldetes Gebiet, in dem seltene Singvögel, aber auch Kronenadler und Habichte zu Hause sind. Durchs Unterholz streifen Antilopen, Ginsterkatzen, Affen und Mangusten. Die Hauptattrakton ist der Dlinza Forest Aerial Boardwalk, ein Baumkronenweg in 10 bis 20 m Höhe mit Aussichtstürmen und einem Besucherzentrum.

Tembe Elephant Park

| Naturschutzgebiet |

Die Elefanten im Tembe Elephant Park an der Grenze zu Mosambik sind berühmt, weil sie die weltweit größten ihrer Art sind und besonders lange Stoßzähne besitzen. Ehemals wechselten große Elefantenherden zwischen Mosambik und dieser Region, die auch als Maputaland bekannt ist. Verschreckt durch Wilderer, zogen sich die Restbestände in das schwer zugängliche Küstenwaldgebiet des heutigen Reservats zurück. Offene Graslandschaften, Wälder und Sümpfe prägen das Landschaftsbild des Tembe Elephant Parks, der neben Elefanten auch Büffel, Nashörner, Löwen, Leoparden, Giraffen und viele andere Tiere beherbergt.

■ Tel. 031/267 01 44, www.tembe.co.za, April–Sept. 6–18, Okt.–März 5–19 Uhr

Kosi Bay Nature Reserve

| Naturschutzgebiet |

Das Kosi Bay Nature Reserve ganz im Norden von KwaZulu-Natal umfasst vier Seen hinter einem Meeresarm und gilt als eines der schönsten und abgelegensten Naturreservate Südafrikas. Herrliche, ruhige Strände, Wälder aus Feigenbäumen, fünf verschiedene Mangrovenarten und seltene Raffia-Palmen bilden eine paradiesisch grüne Kulisse für eine artenreiche Tierwelt. Flusspferde, Bullenhaie und Krokodile sind hier ebenso zu finden wie Krebse, Schlammspringer und seltene Schneckenarten. Entlang der Seeufer und in sumpfigem Gebiet findet man Farnwälder, Wasserlilien und außergewöhnliche Orchideen. Wer an den Strand zum Kosi Mouth fährt – wofür ein Geländewagen erforderlich ist –, kann dort den gold schimmernden Sand und das azurblaue Wasser genießen und sich an einer reichen Vogelwelt erfreuen.

■ KZN Wildlife, Tel. 033/845 10 00 oder 035/592 02 34, www.kznwildlife.com

Gefällt Ihnen das?

Fanden Sie **Shakaland** sehenswert? Dann sollten Sie auch das **Phansi Museum** (siehe S. 68) in Durban besuchen. Die Ausstellung dort mit Schmuck, Musikinstrumenten und kultischen Gegenständen widmet sich der reichen Kultur der Zulu.

Zululand ist die Heimat der Zulus, die hier noch nach ihren Traditionen leben

Übernachten

KwaZulu-Natal hat eine große Auswahl an Übernachtungsmöglichkeiten – von der kleinen Pension bis zur Fünf-Sterne-Lodge. In den Nationalparks und Naturreservaten gibt es teils staatliche Unterkünfte, die alle über KZN Wildlife (www.kznwildlife.com) zentral zu buchen sind. In ausgewählten Naturschutzgebieten oder deren Umgebung gibt es auch Fünf-Sterne-Nobellodges. Durban hat die gesamte Bandbreite an Unterkünften, darunter nationale und internationale Ketten. An der South Coast findet man viele Ferienhotels und Apartments.

Durban 64

€–€€ | **Summerhill Estate** Idyllisch auf einem Hügel gelegenes 17-Zimmer-Estate mit persönlicher Atmosphäre und hervorragender Küche. Herz der Anlage ist der Livingroom mit Bar, Lounge-Ecke und dem Restaurant-Bereich. Die Betreiber sprechen auch Deutsch und geben gern Tipps für einen Durban-Aufenthalt. ■ 9 Belvedale Rd, Cowies Hill, Tel. 031/709 36 16, www.summerhillkzn.com

€€ | **Quarters Hotel** Stilvolles, luxuriöses Boutiquehotel in einem liebevoll renovierten viktorianischen Haus in der Florida Road. Das Haus besitzt eine perfekte Mischung aus modernen Annehmlichkeiten und traditionellem Stil. Vor allem der freundliche Service und das hervorragende Frühstück sind lobenswert. ■ 101 Florida Rd, Morningside, Tel. 031/303 52 46, www.quarters.co.za

South Coast 72

€–€€ | **Leopard Rock Café** Vier einfache, aber gemütliche Chalets mit sensationellem Blick in die Oribi-Schlucht. Jedes Chalet hat Platz für zwei Erwachsene. Das im Preis enthaltene Frühstück wird auf der Terrasse des Coffeeshops eingenommen – ebenfalls mit Blick in die dramatische Landschaft der Schlucht. ■ 26 km von Port Shepstone direkt an der Kante zur Oribi-Schlucht, Tel. 074/124 09 02, www.leopardrockc.co.za

€€ | **Days at Sea** Stillvolles Boutiquehotel in Trafalgar/South Coast, geführt von dem deutschen Künstler und Fotografen Guido Schoeldgen und seiner Frau Annette Schoeldgen, einer Modedesignerin. Jede der nur sechs Suiten ist individuell eingerichtet. In der Nähe befinden sich drei Golfplätze. ■ 39 Effingham Parade, Trafalgar, 4275, Tel. 039/313 00 13, www.daysatsea.co.za

Drakensberge 75

€ | **Sani Mountain Lodge** Oben auf dem Sani Pass in fast 3000 m Höhe direkt an der Grenze zu Lesotho gelegen. Die Lage am Felsrand mit atemberaubendem Ausblick auf KwaZulu-Natal ist kaum zu toppen. Es gibt komfortable Rondavels mit Kaminen, Backpacker-Unterkünfte und Campingstellplätze. Im Pub wird deftige Küche serviert. ■ Tel. 078/634 74 96, www.sanimountain.co.za

Hluhluwe iMfolozi Park 79

€€ | Hilltop Camp Einen grandiosen Standort im Hluhluwe iMfolozi Park hat man im Hilltop Camp – einer staatlich geführten Anlage mit guten Unterkünften, schönem Frühstücksraum und einem unvergleichlichen Blick über die Bergketten. ■ Hluhluwe-Imfolozi Game Reserve, Tel. 031/208 36 84, www.hilltopcamp.co.za

€€€ | Thanda Safari Private Game Reserve Wer eine luxuriöse Variante zur staatlichen Unterkunft im Hluhluwe iMfolozi Park sucht, kann sich im nahe gelegenen Thanda Safari Private Game Reserve einquartieren, das die gleichen Aktivitäten sowie Nashorn-Tracking zu Fuß zusammen mit einem Ranger anbietet. Schaut man morgens aus seinem luxuriösen Chalet im Safaristil, sieht man Nyala-Antilopen grasen oder Büffel vorbeiziehen. Nur rund drei Autostunden von Durban entfernt, warten hier die Stille der Wildnis und ein überaus stilvolles Refugium für anspruchsvolle Natur- und Wildlife-Liebhaber. ■ Anreise über die N2 bzw. D242, nördl. des Hluhluwe-Imfolozi, südl. von Mkuze, Tel. 032/586 01 49, www.thanda.com

iSimangaliso Wetland Park 80

€ | Elephant Coast Guesthouse Sehr sympathische Unterkunft in St. Lucia, ideal gelegen zur Erkundung des iSimangaliso Wetland Park. Die Zimmer bieten viel Platz, sind liebevoll dekoriert und verfügen über Klimaanlage/Ventilator. Hin und wieder gibt es Besuch von Antilopen, Affen, Stachelschweinen und sogar Nilpferden. Das reichhaltige Frühstück wird auf der Veranda mit Blick in den tropischen Garten eingenommen. ■ 105 Garrick Avenue St, St. Lucia, Tel. 035/590 18 88, www.elephantcoastguesthouse.com

€–€€ | African Ambience Guest House Gästehaus perfekt mitten in St. Lucia. Besonders schön ist der üppige Garten mit Pool und Teichen. Die Zimmer sind mit afrikanischen Designelementen ausgestattet, geräumig und sehr sauber. Es gibt eine Bar, einen Grillplatz und eine Gästelounge. Frühstück, WLAN und Parkplätze sind inklusive. ■ 124 Pelikaan St, 3936 St. Lucia, Tel. 035/590 12 12, www.africanambience.com

Elephantcoast 81

€€–€€€ | Rocktail Bay Lodge Die schöne Lodge an der Rocktail Bay versteckt sich im Küstenwald und liegt nur einen kurzen Spaziergang vom Meer entfernt. 14 komplett ausgestattete Safarizelte bilden eine noble Unterkunft. Ein Highlight ist in der entsprechenden Saison die Beobachtung der Schildkröten. ■ Zwischen Kosi Bay und Sodwana Bay, am Maputaland Marine Reserve gelegen, D1849 Maputaland Coastal Forest Reserve, Tel. 011/807 18 00, www.wilderness-safaris.com

€€€ | Kosi Forest Lodge Intime, mit nur 16 Betten ausgestattete Lodge in abgelegener Lage an der Kosi Bay. Übernachtet wird in romantischen Safarizelten mitten in der Natur. Großartig ist das offene Badezimmer mit Blick in den Himmel. Verschiedene Aktivitäten wie etwa Touren durch den Palmenwald, Besuch der Schildkröten, Vogelbeobachtung, Schnorcheln und Kanufahren. ■ Kosi Bay Manguzi 3815, Isimangaliso Wetland Park, Tel. 035/474 14 73, www.isibindi.co.za

Johannesburg und Gauteng

Die Provinz Gauteng mit Johannesburg, Soweto und Pretoria ist ein vibrierender Schmelztiegel verschiedener Kulturen.

Gauteng ist die kleinste, aber reichste Provinz in Südafrika mit Johannesburg im Zentrum. Weiter nördlich liegt Pretoria, die Hauptstadt Südafrikas, im Westen findet sich Soweto, die bekannteste und wohlhabendste Township des Landes. Die drei Metropolen bilden zusammen mit zahlreichen Vororten das am dichtesten besiedelte Gebiet im südlichen Afrika. Gauteng punktet nicht mit Naturhighlights, wie man es aus anderen Regionen des Landes kennt, ist jedoch mit seiner kosmopolitischen Ausstrahlung, der energiegeladenen Wirtschaft, dem vibrierenden Kulturleben und seiner Vergangenheit als Goldgräberregion für Besucher überaus spannend. Johannesburg ist eine faszinierende, lebendige Metropole und viel sehenswerter, als viele Touristen meinen, die die Stadt nach der Ankunft am Flughafen oft schnell verlassen. Es lohnt sich, ein paar Tage zu investieren. Die Sicherheitslage ist bei Weitem nicht so schlecht wie ihr Ruf. Wer einige Stadtteile wie Hillbrow nördlich der Innenstadt meidet und sich an generelle Vorsichtsmaßnahmen hält, braucht nichts zu befürchten. Ähnliches gilt für Soweto, das mittlerweile zum touristischen Pflichtprogramm zählt und eindrucksvoll zeigt, wie sich das schwarze Südafrika entwickelt. In Soweto finden sich auch einige Gedenkstätten, die an den Kampf des ANC unter Nelson Mandela gegen die Apartheid erinnern. Pretoria schließlich, die Stadt der hellviolett blühenden Jacarandabäume, ist der Ruhepol Gautengs und hat zahlreiche historisch eindrucksvolle Bauwerke zu bieten.

In diesem Kapitel:

ADAC Top Tipps:

8 Soweto
| Township |
Die wohl bekannteste Township der Welt, ehemaliger Wohnort von Nelson Mandela und Symbol für den Kampf gegen die Apartheid. 91

ADAC Empfehlungen:

19 Maboneng, Johannesburg

| Stadtviertel |

Neues Trendviertel mit Restaurants, Cafés, Künstlerateliers und einem populären Foodmarkt jeden Sonntag. 89

20 Apartheid Museum, Johannesburg

| Museum |

Eindrucksvolles Museum, das intensiv nachempfinden lässt, wie die nicht weiße Bevölkerung früher unter Rassentrennung und Kolonialpolitik gelebt und gelitten hat. 89

20 Johannesburg

Turbulente Metropole mit immer neuen Trends und kreativer Kulturszene

Information

- Johannesburg Tourism, Park City Transit Centre, J'burg Station, Corner Rissik und Wolmarans St., Tel. 011/338 5051, www.joburgtourism.com, Mo–Fr 8–17 Uhr
- Parken: siehe S. 90

Johannesburg ist mit fast 5 Mio. Einwohnern eine Megametropole und der wirtschaftliche Motor Südafrikas. In Joburg, oder Jozi, wie viele Einheimische ihre Stadt nennen, ticken die Uhren schneller als anderswo im Land. Während in Kapstadt ein entspannter Lebensstil gepflegt wird, ist Johannesburg die Stadt der wirtschaftlichen Innovationen und des Geldes. Die Börse von Johannesburg, die schon seit 1887 existiert, bestimmt den Kapitalmarkt im gesamten südlichen Afrika. Johannesburg verdankt seine Bedeutung den Goldfunden aus dem Jahr 1886, dem anschließenden Goldrausch und den prosperierenden Goldminen. Derzeit sind zwar nur noch wenige dieser Minen innerhalb des Stadtgebiets in Betrieb, doch rund um das ehemalige Goldgeschäft hat sich eine vielschichtige Industrie- und Dienstleistungskultur entwickelt. In Joburg haben die allermeisten südafrikanischen Firmen ihren Hauptsitz, darunter die Minengesellschaften sowie die großen Bank- und Kapitalgesellschaften. Für den internationalen Tourismus ist die Stadt das Einfallstor und der Startpunkt für zahlreiche Rundreisen, darunter Touren zum Krüger-Nationalpark. Johannesburg gewinnt architektonisch keinen Schönheitspreis. Reizvoll sind jedoch das reiche Kulturangebot und die vielfältige Subkultur mit einer sich ständig wandelnden Musik- und Kunstszene sowie zahlreichen alternativen Wohn- und Lebenskonzepten, die vor allem von der jungen schwarzen Bevölkerung getragen werden.

Sehenswert

Central Business District

| Stadtzentrum |

Der Central Business District, die Innenstadt von Johannesburg, wartet mit einigen interessanten Sehenswürdigkeiten auf, sodass sich ein Rundgang lohnt. Als Startpunkt bietet sich das Carlton Center in der Commissioner Street an. Auf 202 m Höhe gibt es hier die Aussichtsplattform »Top of Africa«, von der aus man einen eindrucksvollen Panoramablick auf die Stadt hat. Sehenswert sind außerdem die alte City Hall, der ABSA-Bank-Turm und der Market-Theatre-Komplex, ein Kulturzentrum im Newtown Cultural Precinct mit Tanz, Theater, Galerien, Clubs und Restaurants. Ebenfalls einen Besuch wert ist das Constitution Hill Museum, ein einstmals berüchtigtes Apartheidgefängnis, das heute ein interaktives Museum ist und sich mit den Themen Rassismus und Gewalt auseinandersetzt.

- Top of Africa, Carlton Centre, 150 Commissioner St, Tel. 011/308 13 31, Mo–Fr 9–18, Sa 9–17, So 9–14 Uhr
- Market Theatre Complex, zwischen Bree St und Mcingama St
- Constitution Hill Museum, 1 Kotze St/Hospital St, Tel. 011/274 53 00, www.constitutionhill.org.za, Mo–So 9–17 Uhr

Maboneng

| Stadtviertel |

19 *Vibrierendes Szeneviertel mit Künstlerateliers und Cafés*

Maboneng am östlichen Rand der Innenstadt von Johannesburg, früher als Jeppestown bekannt, war viele Jahre eines der berüchtigsten Viertel der Stadt und ein No-go-Gebiet für Touristen. Das hat sich wundersamerweise geändert, nachdem die Immobilienentwicklungsgesellschaft Propertuity mit ihrem Gründer Jonathan Liebmann an der Spitze eine große Anzahl von Häusern entlang einiger Straßenzüge aufgekauft hat, um dort in Sicherheit, Sauberkeit und eine zukunftsweisende Nutzung zu investieren. Seither haben sich dort viele Galerien, Künstlerateliers, Bars, Coffeeshops und kleine Unternehmen angesiedelt. Inzwischen gilt Maboneng, was übersetzt »Platz des Lichtes« heißt, als eines der hippsten Viertel der Stadt. Vor allem am Sonntag, wenn »Arts on Main«, ein Foodmarkt, in einer alten Lagerhalle stattfindet, treffen sich Einheimische und Touristen in Maboneng. Das neue Szeneviertel ist eine Insel inmitten eines Stadtgebiets, in dem das Leben nach wie vor rau ist. Touristen sollten sich deshalb nicht allzu weit vom Hauptbezirk entfernen.

■ www.mabonengprecinct.com

Apartheid Museum

| Museum |

20 *Getrennte Eingänge – so fühlt sich Apartheid an*

Die Apartheid und die damalige Kolonialpolitik haben tiefe Wunden in die südafrikanische Gesellschaft geschlagen – davon erzählt eindrücklich das Apartheid Museum in Johannesburg. Schon am Eingang erlebt der Besucher hautnah, wie sich die damalige Rassentrennung anfühlte. Jeder Gast erhält nach dem Zufallsprinzip eine Eintrittskarte für einen Weißen oder einen Nicht-Weißen und darf nur das vorgeschriebene Tor benutzen. Die Geschichte der Apartheid wird mit viel Sachverstand und historischen Belegen dargestellt. Das erstklassige Museum schafft darüber hinaus die angemessene emotionale Betroffenheit, um den damaligen menschenverachtenden Rassismus in seiner ganzen Dimension zu begreifen.

■ Northern Parkway, Ormonde, Tel. 011/309 47 00, www.apartheidmuseum.org, tgl. 9–17 Uhr, 85 Rand

Gold Reef City

| Erlebnispark |

Johannesburg verdankt sein Wachstum und seine Bedeutung den Goldfunden Ende des 19. Jh. Damals wurde dort eine der goldreichsten Lagerstätten der Welt entdeckt. Auf dem Gelände der 1977 stillgelegten Crown-Goldmine, die mit mehr als 3000 m die tiefste der Stadt ist, wurde der Themen- und Vergnügungspark Gold Reef City errichtet. Die Nachwelt soll anhand von Kulissen das damalige Leben in der Goldgräberstadt nachempfinden können. Eine geologische Ausstellung informiert über die Goldvorkommen. Im alten Schacht Nr. 14 können Besucher Einblicke in das Leben unter Tage gewinnen. Darüber hinaus zeigt sich Gold Reef City vor allem als Vergnügungspark mit Fahrgeschäften wie Riesenrad, Achterbahn und Wildwasserkanal.

■ Northern Parkway, Ormonde, Tel. 011/248 68 00, www.goldreefcity.co.za, Mi–So 9.30–18 Uhr, 210 Rand, Kinder 130 Rand

Jung, urban und angesagt: der Neighbourgoods Market im Stadtteil Braamfontein

Verkehrsmittel

Viele Menschen bewegen sich mit dem Mietwagen durch die Stadt. Eine Alternative ist Uber, ein Dienst, der sehr gern genutzt wird und gut funktioniert. In Johannesburg und Gauteng gibt es als Alternative auch den öffentlichen Verkehr, wobei für Touristen im Wesentlichen nur der Gautrain infrage kommt. Dabei handelt es sich um ein Eisenbahnnetzwerk in der Provinz Gauteng mit den Hauptstrecken zwischen Pretoria und Johannesburg sowie dem internationalen Flughafen OR Tambo International Airport und dem Stadtteil Sandton.

Parken

Der Mietwagen sollte möglichst auf einem der wenigen bewachten Parkplätze abgestellt werden. Ist man in einem sicheren Stadtteil unterwegs, ist auch der Straßenrand eine Alternative (selbsternannte Parkwächter können ein paar Münzen bekommen). Hundertprozentig sicher ist, wer sein Auto bewacht auf dem Hotelparkplatz stehen lässt und sich dann mit Taxi/Uber fortbewegt oder an einer geführten Tour teilnimmt.

Einkaufen

Neighbourgoods Market Jeden Samstag füllt sich das Lagerhaus mit Menschen, die umherbummeln und an den zahlreichen Ständen nach Kunsthandwerk, originellen Designerstücken und kulinarischen Leckereien schauen. Dazu gibt es Musik von Livebands. ■ 73 Juta St Braamfontein, Tel. 081/416 26 05, www.neighbourgoodsmarket.co.za, Sa 9–15 Uhr

Kneipen, Bars und Clubs

Living Room Hier sitzt man in einem Dschungel auf einer Dachterrasse im fünften Stock – von dieser Oase in Maboneng hat man einen tollen Ausblick auf die Stadt – und es ist ein kosmopolitischer Szenetreff. Kühle Biere, Cocktails und Snacks sorgen für das leibliche Wohl. ■ Main Change Bldg, 20 Kruger St, Maboneng, Tel. 084/529 90 06, www.livingroomjozi.co.za, Mi–Sa 11–22, So 11–19 Uhr

Kinder

Gold Reef City lohnt einen Besuch mit Kindern. Neben interessanten Einblicken in das Leben zur Goldgräberzeiten laden dort zahlreiche Fahrgeschäfte zu Spiel und Spaß ein. ■ Northern Parkway, Ormonde, Tel. 011/248 68 00, www.goldreefcity.co.za, Mi–So 9.30–18 Uhr, 210 Rand, Kinder 130 Rand

21 Soweto

8 *Symbol für den Kampf gegen Apartheid und Kolonialpolitik*

Information

■ Soweto Tourism, Walter Sisulu Sq, Kliptown, Tel. 011/342 43 16, Mo–Fr 8–17 Uhr

Rund 15 km südwestlich des Zentrums von Johannesburg liegt Soweto, eine der weltweit bekanntesten Townships. Heute leben dort offiziell rund 1 Mio. Menschen, inoffiziell geht man eher von 3 Mio. aus. Entstanden ist Soweto (Abkürzung für South Western Townships) 1961 durch den Zusammenschluss vieler kleiner Townships, in denen seit Beginn des 20. Jh. schwarze Minenarbeiter lebten. Soweto ist auch Symbol für den Widerstand der schwarzen Bevölkerung gegen das Apartheidregime. 1976 kam es dort zu Massendemonstrationen, nachdem die Regierung Afrikaans als Unterrichtssprache in den höheren Schulen einführte. Die Protestaktionen der Schüler wurden von der Polizei brutal niedergeschlagen. Es kamen mehr als 500 Menschen ums Leben, und die Schulen blieben bis 1978 geschlossen. Heute ist Soweto die wohlhabendste Township Südafrikas mit einer Mittelschicht und einer steigenden Zahl von Millionären, die in respektablen Häusern in einem Villenviertel namens »Beverly Hills« wohnen. Dennoch klafft gerade in Soweto die Schere zwischen Armut und Reichtum weit auseinander. Die große Mehrheit der Menschen lebt in kleinen Zwei- bis Dreizimmerhäusern, die Ärmsten der Armen in Wellblechhütten. Für Touristen zählt ein Besuch von Soweto mittlerweile zum Standardprogramm. Soweto ist keineswegs so gefährlich, wie häufig angenommen wird, und sicherer als manche Gegenden von Johannesburg. Dennoch ist es empfehlenswert, eine geführte Tour zu buchen.

Sehenswert

Mandela House

| Gedenkstätte |

Eine besondere Anziehungskraft hat das ehemalige Haus des charismatischen Freiheitskämpfers Nelson Mandela in der Vilakazi Street. Mandela bewohnte das kleine Backsteinhaus zusammen mit seiner Frau Winnie in den späten 1950er- und frühen 1960er-Jahren, bevor er auf Robben Island inhaftiert wurde. Das Haus ist heute eine Gedenkstätte und zeigt einige Erinnerungsstücke des berühmten Ehepaars wie Möbel und private Fotos.

■ 8115 Vilakazi St, Orlando West, Tel. 011/936 77 54, www.mandelahouse.com, Mo–So 9–16.45 Uhr, 60 Rand

Hector Pieterson Memorial Museum

| **Museum** |

Ein zwölfjähriger Junge war das erste Opfer bei den Schülerprotesten im Juni 1976 in Soweto. Ein Foto des von Kugeln getroffenen Hector Pieterson in den Armen eines Freundes ging um die Welt und erzeugte einen Aufschrei gegen das damalige Apartheidregime. In Gedenken an die Opfer und als Erinnerungsstätte an den Unabhängigkeitskampf wurde das Hector Pieterson Memorial Museum errichtet. Die brutale Niederschlagung der Revolte durch die südafrikanische Polizei wird anhand von Fotos und Videos demonstriert. Das Museum gehört zu den wichtigsten Stationen bei einem Soweto-Besuch.

■ 8287 Khumalo St, Orlando West, Tel. 011/536 06 11, Mo–Sa 10–17, So 10–16 Uhr, 30 Rand

ADAC *Wussten Sie schon?*

Die Vilakazi Street in Soweto ist die einzige Straße weltweit, in der zwei **Friedensnobelpreisträger** gewohnt haben: **Desmond Tutu,** der ehemalige anglikanische Erzbischof und Friedensaktivist, und **Nelson Mandela,** Anti-Apartheidkämpfer und erster frei gewählter Präsident Südafrikas. Tutu wurde 1984 und Mandela 1993 für seinen Einsatz für den Frieden mit dem renommierten Preis geehrt.

Restaurants

€€ | **Wandie's Place** Beliebtes Restaurant im Zentrum von Soweto, das gern von Touristen besucht wird. Hier werden lokale und internationale Küche im Buffetstil angeboten. ■ 618 Makhalemele St, Dube, Tel. 011/982 27 96, www.wandiesplace.co.za

22 Cradle of Humankind

Archäologisch bedeutendes Höhlengebiet mit prähominiden Funden

Information

■ Tel. 014/577 90 00, www.maropeng.co.za

Cradle of Humankind, übersetzt »Wiege der Menschheit«, bezeichnet ein fast 50 000 ha großes Gebiet nordwestlich von Johannesburg, in dem zahlreiche bedeutende Funde aus der Urgeschichte der Menschheit gemacht wurden. 1999 wurden die Sterkfontein Caves und die Fundstellen Swartkrans und Kromdraai wegen ihrer archäologischen Bedeutung zum Weltkulturerbe erklärt. Die in dieser Gegend entdeckten hominiden Fossilienfunde gelten vielen als Beweis, dass sich die Abspaltung des Menschen vom Affen vor vielen Millionen Jahren in Afrika zutrug, sodass hier die Wiege der Menschheit vermutet wird. Die in den Höhlen entdeckten Pollen, Pflanzenteile und Tierknochen lassen überdies den Schluss zu, dass diese Gegend einst von tropischem Regenwald bedeckt war. Heute geht man davon aus, dass die menschliche Linie vor etwa 5 bis 6 Mio. Jahren ihren Anfang nahm. Der erste Australopithecus als evolutionärer Vorgänger des Menschen wurde 1924 in Südafrikas Nordwest-Provinz entdeckt, 1936 gab es den ersten Fund in den Sterkfontein Caves. In den

Im Blickpunkt

Township-Touren

Soll man eine Township-Tour in sein Südafrika-Programm aufnehmen? Neben Sicherheitsbedenken befürchten Kritiker von Township-Touren, dass diese nicht respektvoll gegenüber der schwarzen Bevölkerung seien. Erfahrene Südafrika-Reisende und verantwortungsvolle Reiseanbieter sind jedoch mehrheitlich der Meinung, dass eine Township Tour zu einem Südafrika-Aufenthalt dazugehört. Allerdings kommt es darauf an, wer die Tour durchführt und wie sie gestaltet ist. Von großem Vorteil ist es, die Tour mit einem Guide zu unternehmen, der selbst in der Township zu Hause ist. Viele zeigen ihre Heimat gern und mit Stolz fremden Gästen, um ihnen zu vermitteln, dass sie keineswegs alle im Elend wohnen und ein gut funktionierendes gesellschaftliches und soziales Leben haben. Wer eine Führung auf Augenhöhe wünscht, sollte über eine Tour zu Fuß oder mit dem Fahrrad nachdenken. Gerade Fahrradtouren werden immer häufiger angeboten. Wer radelt, verschanzt sich nicht in einer Blechkiste und zeigt, dass er ein echtes Interesse an den Township-Bewohnern hat.
Empfehlenswerte Anbieter: www.siviwetours.com (Kapstadt) und www.soweto backpackers.com (Soweto/Johannesburg)

vergangenen 60 Jahren wurden rund zwei Fünftel aller hominiden Fossilienfunde weltweit im Gebiet des Cradle of Humankind gemacht.

Sehenswert

Sterkfontein Caves

| Archäologische Stätte |

1947 entdeckte Robert Broom in den Sterkfontein Caves einen ca. 2,1 Mio. Jahre alten, fast vollständig erhaltenen menschlichen Schädel, der Mrs. Ples getauft wurde – obwohl man nicht sicher sagen kann, ob er zu einem weiblichen Skelett gehört. Damit war bewiesen, dass in dieser Gegend zur damaligen Zeit prähominide Primaten lebten. Sie werden der Gruppe der Australopithecus zugerechnet, einer zweibeinigen menschlichen Art, die den Übergang vom Affen zum Menschen bezeichnet. Seither wurden in den Sterkfontein Caves und in der Umgebung zahlreiche bedeutende Funde gemacht, darunter zwei gut erhaltene Skelette von einem Jungen und einer etwa 30 Jahre alten Frau, die beide vor rund 2 Mio. Jahren lebten. Das älteste bislang dort gefundene Skelett wird auf ein Alter von 3,3 Mio. Jahren geschätzt. Vom Besucherzentrum der Sterkfontein Caves kann man in bis zu 60 m tiefe Höhlen steigen, in denen bislang mehr als 600 Fossilien entdeckt wurden.

■ Sterkfontein Caves Rd, Abfahrt von der R563, Tel. 014/577 90 00, www.maropeng.co.za, tgl. 9-17 Uhr, 120 Rand, Kinder 65 Rand

Maropeng

| Besucherzentrum |

Das Besucherzentrum Maropeng, was »Rückkehr zum Ursprung« bedeutet, ist in einem nachempfundenen, mit Grasschollen bedeckten Grabhügel untergebracht. Es zeigt den Ursprung und die Evolution der Menschheit. Die Zeitreise beginnt mit einer unterirdischen Bootsfahrt vorbei an Eisbergen sowie Vulkanen und führt dann zu einer Ausstellung mit zahlreichen Fossilien und informativen Stationen.

■ Hekpoort Rd, von der R532 auf die R400, Tel. 014/577 90 00, www.maropeng.co.za, tgl. 9–17 Uhr, 120 Rand, Kinder 65 Rand

Kinder

Im **Maropeng-Besucherzentrum** lassen sich auch Kinder für das Thema Geschichte und Evolution begeistern. Schon die unterirdische Bootsfahrt ist ein spannender Einstieg. Dazu sind es vor allem die interaktiven Angebote, die auch junge Besucher ansprechen. So ist es z.B. möglich, die Stimmen von bereits ausgestorbenen Tieren hörbar zu machen.

23 Pretoria

Die entspannte Hauptstadt Südafrikas ist im Frühling am schönsten

Information

■ Tshwane Tourist Information Centre, Church St, Old Nederlandsche Bank Building, Tel. 012/358 14 30, www.gopretoria.co.za, www.tshwanetourism.com, Mo–Fr 9–17, Sa 9–13 Uhr

Am schönsten sei Pretoria im südafrikanischen Frühling, heißt es, denn dann blühen die mehr als 70 000 Jacarandabäume, und die Stadt verwandelt sich in ein violettes und zart duftendes Blütenmeer. Doch auch das restliche Jahr über ist die Hauptstadt Südafrikas einen Besuch wert. Sie zählt etwa 1 Mio. Einwohner, von denen viele ihr Geld im Dienste der Regierung verdienen. Die Stadt, die auch den afrikanischen Namen Tshwane trägt, liegt rund 50 km nördlich von Johannesburg und zeigt sich entspannt. Für Besucher interessant sind die imposanten Regierungsgebäude, die schönen Parks und die vielen historischen Zeugnisse aus der Voortrekker-Zeit.

Sehenswert

Church Square

| Straßenzug |

Historisches Herz von Pretoria ist der Church Square, der von eindrucksvollen Bauten aus dem 19. Jh. eingerahmt wird. Einen Ehrenplatz in der Mitte nimmt die Statue des ehemaligen Präsidenten der Südafrikanischen Republik und Namensgeber des Krüger-Nationalparks, Paul Kruger, ein. Nicht weit entfernt befindet sich das Kruger House, in dem der Politiker 1884 bis 1901 wohnte und das als erstes Haus in der Stadt über Strom und Telefon verfügte. Am Church Square nahm die Besiedlung von Pretoria ihren Anfang. Er war außerdem über die Jahre Schauplatz vieler bedeutender politischer Ereignisse der weißen Kolonialgeschichte. Wichtige Gebäude sind der 1891 im Renaissancestil erbaute Raadsaal, also das Parlamentsgebäude, das Old Nederlandsche Bank Buildung und der imposante Palace of Justice, in dem 1964 Nelson Mandela und andere Führer des ANC zu lebenslangen Haftstrafen verurteilt wurden.

Union Buildings

| Regierungsgebäude |

Die 275 m langen Union Buildings thronen im Stadtviertel Arcadia eindrucksvoll auf einem Hügel. Entworfen wurden die imposanten Sandsteingebäude mit ihren Kolonnaden und dem Amphitheater zu Beginn des 20. Jh. vom Architekten Sir Herbert Baker. Heute sind die Gebäude im Union Building Park der Sitz der südafrikanischen Regierung sowie des Präsidenten und gelten als eines der schönsten Regierungsgebäude weltweit. Nach seiner Freilassung wurde Nelson Mandela 1994 an diesem Ort in sein Amt als südafrikanischer Präsident eingeführt. Die Innenräume sind der Öffentlichkeit aus Sicherheitsgründen nicht mehr zugänglich. Doch auch die Ansicht von außen lohnt sich. Vom Vorplatz bietet sich zudem ein herrlicher weiter Blick auf den Talkessel, in dem die Stadt liegt. Unterhalb der Union Buildings findet der Besucher eine 9 m hohe Bronzestatue von Nelson Mandela, die nach seinem Tod im Jahr 2013 enthüllt wurde.

■ Government Ave

Voortrekker Monument
| Gedenkstätte |

Südlich der Stadt erhebt sich ein mächtiger Granitblock, das Voortrekker Monument, das vor allem für die burische Bevölkerung von Bedeutung ist. Es erinnert an die Voortrekker, die beim Großen Treck vom Kap nach Norden vordrangen, und an die Burenkriege im 19. Jh. Ein Fries aus 27 Marmorreliefs zeigt Szenen, die den Großen Treck darstellen. In der Mitte befindet sich ein Ehrenschrein mit der Inschrift »Wir für dich, Südafrika«. Jedes Jahr am 16. Dezember um 12 Uhr fällt das Sonnenlicht auf die Inschrift. So wird daran erinnert, dass an jenem Tag im Jahr 1838 die Buren am Blood River die Armee der Zulus besiegten. Der 16. Dezember ist immer noch Feiertag, wird heutzutage allerdings als Tag der Versöhnung begangen.

■ Eeufees Rd, Tel. 012/326 67 70, www.vtm.org.za, Sept.–April 8–18, Mai–Aug. 8–17 Uhr, 80 Rand

Das Völkerschlachtdenkmal in Leipzig war Vorlage für das Voortrekker Monument

Übernachten

Johannesburg ist Einfallstor für Touristen und Zentrum für Geschäftsleute, sodass es an Unterkünften nicht fehlt. Die Bandbreite reicht von ultraluxuriösen Hotels wie der Traditionsherberge Saxon über die komfortablen Häuser der internationalen Hotelketten bis zu individuellen Boutiquehotels und persönlich geführten Gästehäusern. Pretoria bietet ein ähnlich gefächertes Angebot. Soweto führt in Sachen Unterkunft bislang noch ein Schattendasein. Reisende finden aber auch dort geeignete Unterkünfte, wenn auch von eher einfachem Standard

Johannesburg 88

€ | **De Kuilen Country House** Romantische Unterkunft im kapholländischen Stil nahe des Nobelstadtteils Sandton inmitten eines idyllischen Gartens. Auch kulinarisch sehr empfehlenswert. Zur Entpannung kann das Spa mit diversen Angeboten genutzt werden. ■ 26 Glenluce Dr, Sandton, Tel. 011/462 46 70, www.dekuilen.co.za

€ | **Pablo House – Melville Guest House** Boutique-Guesthouse mit hellen und freundlichen Zimmern, das zusätzlich mit einer hervorragenden Lage an der höchsten Stelle von Melville mit Blick auf die Hügel, Sandton und ganz Johannesburg punktet. Melville ist beliebt für sein quirliges Nachtleben und die Restaurantszene. ■ 3 4th Ave, Melville, Tel. 066/215 09 93, www.pablohouse.co.za

€–€€ | **Ginnegap Guesthouse** Freundliches und gemütliches Guesthouse, sehr zentral im Herzen von Melville gelegen. Das Haus aus den 1940er-Jahren mit traditionellen Holzböden atmet historischen Charme. Die Zimmer sind stilvoll und komfortabel. ■ 54 4th Ave, Melville, Tel. 011/482 35 07, www.ginnegaap.co.za

€€ | **African Rock Hotel** Exklusives Boutiquehotel, nur 11 km vom internationalen Flughafen O. R. Tambo entfernt, in ruhiger Lage im Kempton Park. Afrikanische, europäische und orientalische Stilelemente sind gekonnt kombiniert und schaffen eine ansprechende, gastfreundliche Atmosphäre. Es gibt einen tropischen Garten, Swimmingpool, Lounge, Bar und Restaurant. ■ 48 De Villiers Ave, Kempton Park, Tel. 011/976 34 86, www.africanrockhotels.com

€€ | **Riboville Boutique Hotel** Wer in Johannesburg zentral, aber in ländlichem Ambiente nächtigen will, ist in dieser Unterkunft richtig. Das stilvolle Haus liegt auf einem privaten Landsitz mit Reitställen nördlich des Zentrums. Das Hauptgebäude mit einem hervorragenden Restaurant ist im Stil eines Reitstalls konzipiert. ■ Inside Waterfall Equestrian Estate, Gate, 9 Waterfall Dr, Waterfall City, Tel. 011/234 24 56, www.riboville.com

€€€ | **Saxon Hotel Johannesburg** Top-Hotel im Herzen der Millionenmetropole für einen entspannten Aufenthalt, das den Gast mit höchstem Komfort verwöhnt. Hier schrieb Friedensnobelpreisträger Nelson Mandela an seiner Autobiografie

»Der lange Weg zur Freiheit«. Neben allen Annehmlichkeiten eines Luxushotels punktet das Haus mit einem riesigen Swimmingpool und einer herrlichen Gartenanlage. ■ Saxon Rd, Sandhurst Sandton 2196, Tel. 011/447 60 00, www.saxon.co.za

Soweto 91

€ | Bogadi Legae Guesthouse Im ruhigen Vorort Pimville von Soweto gelegen. Es gibt sieben voll ausgestattete Zimmer, einen Grillplatz und sichere Parkmöglichkeiten. Das Guesthouse ist ein guter Startpunkt für Soweto-Erkundungen. ■ 5816/7 Mziki St, Pimville Zone 5, Tel. 011/933 38 13, ww.bogadilegaeguesthouse.co.za

€ | Lebo's Soweto Backpackers Beliebte Unterkunft für Low-Budget-Reisende und eine der ersten, die in Soweto ausländische Gäste beherbergte. Es gibt einen kleinen Garten mit Restaurant, Bar und Grillmöglichkeiten. Lebo's bietet Fahrradtouren und andere Aktivitäten in Soweto an. ■ 10823A Pooe St, Orlando West, Tel. 011/936 34 44, www.sowetobackpackers.com

Pretoria 94

€€ | Rozenhof Guest House Im Süden der Stadt liegt das elegante Guesthouse mit einem reizvollen Stilmix mit Einflüssen der französischen Hugenotten, der Briten sowie der Holländer. Restaurants und Geschäfte finden sich in der Brooklyn Mall in der Nähe. ■ 525 Alexander St, Brooklyn, Tel. 012/460 80 75, www.rozenhof.co.za

€€€ | Illyria House Herrenhaus im kolonialen Stil für Gäste, die gern luxuriös unterkommen möchten. Eindrucksvoll sind die antiken Möbel und Wandteppiche aus dem 17. Jh. sowie der barocke Speisesaal. Wer hier wohnt, den erwarten bester Service und eine hervorragende Küche. Dazu kommt ein fantastischer Blick auf die Stadt. ■ 327 Bourke St, Muckleneuk Pretoria 0002, Tel. 060/412 21 21, www.illyria.co.za

ADAC *Das besondere Hotel*

Das **Hallmark House** ist ein Trendhotel in Maboneng, einem der hippsten Viertel von Johannesburg. Das Gebäude war einst eine Diamantenschleiffabrik, umgebaut wurde es vom britischen Star-Architekten David Adjaye, der den industriellen Charme bewahrt, das Hotel aber mit modernem Komfort ausgestattet hat. Die Zimmer sind stylish in gedeckten Farben und mit afrikanischen Batikarbeiten gestaltet. *€€ | 54 Siemert St, Maboneng Precinct Doornfontein 2094, Tel. 021/427 59 00, www.hallmark-house.johannesburgbesthotels.com/de/*

Mpumalanga und Limpopo

Krüger Park, Blyde River Canyon und die kulturell spannende Provinz Limpopo locken in den Norden Südafrikas.

Die beiden Provinzen Mpumalanga und Limpopo sind vor allem durch ein touristisches Highlight geprägt: den Krüger-Nationalpark. Kaum ein anderes Naturreservat lässt die Herzen von Wildlife-Liebhabern höherschlagen. In dem riesigen Areal kann man tagelang auf immer neuen Straßen und Wegen umherfahren und auf Big-Five-Pirsch gehen. Ergänzend zu dem staatlich verwalteten Park, finden sich am Westrand zahlreiche private Naturreservate, die ebenfalls Safaris organisieren. Dort kann man äußerst luxuriös unterkommen und genießt den Vorteil, dass die offenen Safarigeländewagen, anders als im offiziellen Park, auch offroad fahren dürfen. Doch die Provinzen bieten noch viel mehr. Westlich des Krüger Park bricht das südafrikanische Hochland, das Highveld, abrupt in die Tiefe ab. Rund 1000 m darunter liegt das Tiefland, das Lowveld. Entlang der Abbruchkante führt die Panoramaroute Mpumalanga, die spektakuläre Ausblicke bereithält und vor allem durch den Blyde River Canyon bekannt ist. Die beiden Highlights können leicht vergessen lassen, dass die nördliche Provinz Limpopo ebenfalls reizvolle Ziele hat. Allen voran das hügelige Soutpansberg mit vielen kulturellen Anziehungspunkten und der Waterberg, ein riesiges Bergmassiv inmitten einer wunderbarer Natur mit zahlreichen Wildreservaten. U.a. ist der Marakele-Nationalpark mit spektakulärer Landschaft und Big-Five-Safaris ein Anziehungspunkt.

In diesem Kapitel:

ADAC Top Tipps:

9 Krüger Park
| Nationalpark |
Weltweit eines der bekanntesten Safariziele, perfekt für Selbstfahrer auf der Pirsch nach den Big Five. 100

10 Blyde River Canyon

| Canyon |

Einer der größten Canyons der Welt mit tosenden Wasserfällen und dramatischen Steilwänden. 111

ADAC Empfehlungen:

21 God's Window

| Aussichtspunkt |

Atemberaubendes Panorama vom Hochland in das subtropische Lowveld – in der Ferne schimmern die Berge von Mosambik. 110

22 Pafuri Camp

| Lodge |

Private Lodge im Krüger Park mit der Möglichkeit, im offenen Geländewagen offroad zu fahren. 114

23 Madi a Thavha Mountain Lodge

| Lodge |

Kunstsinnige Lodge in dem hügeligen Soutpansberg mit Atelier und kulturellen Führungen. 115

24 Krüger Park

Wildlife-Safari und Top-Highlight für Südafrika-Besucher

Zebras und Giraffen sichtet man im Krüger Park immer wieder

i Information

■ Zentrale Informationsstelle: Tel. 012/428 91 11 oder 082/233 91 11, www.sanparks.org/parks/kruger

9 *Riesiges Wildlife-Reservat – hervorragend für Selbstfahrer*

Der Krüger-Nationalpark gilt weltweit als einer der besten Orte, um Wildtiere in ihrer natürlichen Umgebung zu beobachten, und er ist daher auch das Top-Highlight für die meisten Südafrika-Reisenden. Die Big Five, also Löwe, Elefant, Büffel, Leopard und Nashorn, können hier ebenso gesehen werden wie viele andere der beliebten afrikanischen Wildtiere, wie Giraffe, Zebra, Gepard, Gnu, Kudu, Impala, Pavian oder Wildhund. 150 Säugetierarten und über 500 Vogelarten sind hier zu Hause. Das riesige Gebiet von fast 20 000 km^2 – das entspricht in etwa der Größe von Israel oder Slowenien – erstreckt sich als ein 414 km langer Streifen durch die Provinzen Limpopo und Mpumalanga und grenzt im Osten an Mosambik. Im Norden stößt der Krüger Park an das Nachbarland Simbabwe, das südliche Ende liegt am Malelane Gate auf der Höhe von Nelspruit. Mehrere Flüsse durchqueren den Park von Westen nach Osten, darunter der Sabie, der Sand, der Timbavati, der Olifants, der Luvuhu und der Limpopo. An

Plan S. 103

ihren Ufern stehen die Chancen besonders gut, Tiere zu entdecken.
Die Entstehung des Krüger Park geht auf das Jahr 1898 zurück, als der Volksrat der Südafrikanischen Republik unter Präsident Paul Kruger das Areal zwischen den Flüssen Sabie und Crocodile als Sabie Game Reserve unter Schutz stellte – vor allem um den Bestand des Jagdwilds zu schützen. 1926 erhielt der Park im Gedenken an den Präsidenten seinen jetzigen Namen. Als ideeller Vater des Parks gilt jedoch James Stevenson-Hamilton, der von 1902 bis 1946 oberster Wildhüter in dem Gebiet war und kompromisslos gegen die Wilderer vorging. Der Krüger Park ist ein staatlich organisiertes Naturschutzgebiet unter der Leitung von South African National Parks (SAN), auch die Camps sind staatlich verwaltet und können nur zentral gebucht werden. Es gibt rund ein Dutzend Hauptcamps, einige Satellitencamps und einige Bushcamps im Park, von denen vor allem die Hauptcamps Lower Sabie, Letaba und Shingwedzi beliebt sind. Die meisten Übernachtungsmöglichkeiten liegen schön, sie sind aber von Ausstattung und Servicequalität nicht immer auf dem allerbesten Niveau. Wer Top-Unterkünfte sucht, kann in eine der Lodges in den westlich angrenzenden privaten Wildschutzgebieten gehen. Dort sind auch Offroadfahrten möglich.
Der Krüger Park ist von einem Straßennetz durchzogen, das zum Teil asphaltiert ist, zum Teil einen Schotteruntergrund hat. Viele Besucher gehen im eigenen Fahrzeug auf die Pirsch. Die vorgeschriebenen Wege dürfen auf keinen Fall verlassen werden. Der Park ist ganzjährig geöffnet, wobei es in den südafrikanischen Ferien recht voll wird. Unterkünfte und Campingplätze müssen auf jeden Fall vorher reserviert werden. Die beste Zeit, um Tiere zu sehen, ist Juni bis September, also die Trockenzeit, wenn sich die Vierbeiner häufig an den Wasserstellen versammeln, die man dann gezielt aufsuchen kann. In dieser Zeit ist die Vegetation auch weniger dicht, sodass man eine bessere Sicht hat. Der Zugang in den Park erfolgt durch spezielle Eingangstore (Gates), von denen sich die meisten im südlichen Bereich befinden.

■ Eintritt: 372 Rand, Kinder 186 Rand

Sehenswert

1 Südlicher Krüger Park

| Nationalpark |

Der südliche Teil des Krüger Park lockt die meisten Besucher an. Er ist von Johannesburg am schnellsten zu erreichen und durch mehrere Eingangstore zugänglich. In diesem Gebiet ist die Niederschlagsmenge höher als im Zentrum und im Norden, sodass die Vegetation üppiger und die Tierdichte höher ist. Vergleichsweise häufig zu entdecken sind Breitmaulnashörner, Büffel, Zebras sowie Löwen, Hyänen und Leoparden. Seltener sind Wildhunde und Geparden. Landschaftlich ist dieser Teil des Parks mit spektakulären Panoramen, hügeligem Grasland und Wäldern von Akazien und Korallenbäumen besonders reizvoll.

■ Zugang durch die Gates: Crocodile Bridge Gate, Malelane Gate, Numbi Gate, Phabeni Gate, Paul Kruger Gate; Tel. 012/428 91 11 oder 082/233 91 11, www.sanparks.org/parks/kruger

2 Zentraler Krüger Park

| Nationalpark |

Im Zentrum des Krüger Park darf man erwarten, ebenfalls gut Wildtiere beobachten zu können. Die Landschaft zwischen dem Sabie River und dem Olifants River ist nicht ganz so abwechslungsreich wie im Süden. Das Gebiet besteht aus einer Savannenlandschaft mit Leadwood- und Marulabäumen. In dieser Vegetation fühlen sich vor allem Impalas, Gnus, Kudus, Zebras, Giraffen und Elefanten wohl. Den Spuren ihrer Beutetiere folgen Löwen und Leoparden. Auch die Chancen auf Geparden stehen gut. In dieser Region liegen auch die beliebten Camps Olifants und Letaba.

■ Zugang: durch den Park aus dem Süden oder Einreise durch das Orpen Gate oder das Phalaborwa Gate; Tel. 012/428 91 11 oder 082/233 91 11, www.sanparks.org/parks/kruger

3 Nördlicher Krüger Park

| Nationalpark |

Der Norden des Krüger Park ist weniger stark besucht, zumal auch die Anreise von Johannesburg mit dem Auto eine Tagesetappe erfordert. Die Gegend ist trockener als das Zentrum und der Süden, die vorherrschende Pflanze ist der Mopanebaum. Dieser ist die Leibspeise der Elefanten, sodass hier große Herden der mächtigen Dickhäuter umherziehen. Ansonsten finden sich große Büffelherden und viele Antilopenarten. Nashörner und die großen Raubkatzen sind eher selten zu finden. Ganz im Norden, vor allem zwischen den Flüssen Luvuvhu und Limpopo, liegt ein tropischer Feuchtwald mit Feigen- und Akazienbäumen sowie knorrigen Baobabs. In den Wintermonaten finden sich dort viele Elefanten, auch Löwen und Leoparden. Anders als im restlichen Teil des Krüger Park gibt es hier einige private Lodges, da es sich um Konzessionsgebiet der umliegenden Gemeinden handelt.

■ Zugang: durch den Park aus dem Süden oder durch das Punda Maria Gate und das Pafuri Gate; Tel. 012/428 91 11 oder 082/233 91 11, www.sanparks.org/parks/kruger

4 Makuleke Contract Park

| Nationalpark |

Eine Besonderheit im Krüger Park ist der Makuleke Contract Park ganz im Norden, ein Landstrich von rund 240 km^2 zwischen dem Luvuvhu River

9 Krüger Park
0 30 km
Masisi
Pafuri Gate
Makuleke Contract Park
22
Pafuri Camp
4
Nwanedi Game Park
Mutale
Punda Maria Gate
Luvuvhu
3
Thohoyandou
Malamulele
Nördlicher Krüger Park
Phugwane
Parque Nacional do Limpopo
Levubu
Shingwedzi
Nsami Dam
Klein Letaba
MOSAMBIK
Kruger
Babangu
Giyani
Nkomo
Singuedeze
Hildreth Ridge
Molototsi
Dzumeri
Groot Letaba
La Cotte
Hans Merensky Nature Res.
Letaba
Zentraler Krüger Park
2
Barragem de Massingir
Letsitele
Mulati
Lulekani
Phalaborwa Gate
Gravelotte
Selati Game Reserve
Namakgale
Phalaborwa
Leydsdorp
National
Makutsi Game Reserve
Makalali Game Reserve
Mica
Klaserie Nature Reserve
Umbabat N. R.
Blyde Olifants Concervancy
Marulaneng (Hoedspruit)
Timbavati
Penge
Diphuti
Timbavati
Abel Erasmus Pass
Blydepoort Dam
Blyde River Canyon
10
Klaserie
Orpen Gate
Blyde River Canyon N. R.
Cottondale
Burgersfort
Ohrigstad
Robbers Pass
21
God's Window
Bushbuckridge
Park
Graskop
Ohrigstad Dam
Ohrigstad Dam N. R.
Kowyns Pass
Paul Kruger Gate
Mashishing (Lydenburg)
Phabeni Gate
Hazyview
Skukuza
2460
Sabie
1
Long Tom Pass
Numbi Gate
Südlicher Krüger Park
White River
Legogote
Brondal
Montrose Pass
Kwena Dam
Crocodile Bridge Gate
Hectorspruit
Komatipoort
Mbombela (Nelspruit)
Umgwenya
Malelane Gate
a
b
c
1
2
3
4
5

ADAC *Spartipp*

Wem die sehr teuren Lodges in den privaten Wildreservaten am Westrand des Krüger Park zu teuer sind, sollte sich in eines der staatlichen **Camps** innerhalb der **Krüger Parks** einbuchen. Die Nachfrage ist allerdings – vor allem in den südafrikanischen Ferienzeiten sehr hoch, sodass man vorher reservieren muss. In der Regel hat man die Wahl zwischen voll ausgestatteten Häuschen (Rondavels) oder einem Campingplatz. Allzu hohe Erwartungen an den Standard sollte man allerdings nicht stellen.

und dem Limpopo River. Hier lebten einst die Makuleke, bis sie 1969 vom damaligen Apartheidregime vertrieben wurden und man ihr Gebiet in den Krüger Parks integrierte. Ende der 1990er-Jahre erhielten sie ihr Gebiet zurück. Sie beschlossen aber, es nicht wieder zu besiedeln, sondern als Teil des Krüger Park zu belassen. Seither vergeben sie Konzessionen an ausgewählte Betreiber von privat geführten Lodges wie The Outpost und Pafuri Camp und profitieren von den Einnahmen. Besucher können so den staatlichen Park bereisen und dabei privat unterkommen. Weiterer Pluspunkt: In diesem Gebiet sind Offroadfahrten mit den Rangern möglich.

■ Zugang: durch den Park aus dem Süden oder durch das Punda Maria Gate und das Pafuri Gate, www.sanparks.org/parks/kruger, Pafuri Camp: Tel. 011/646 13 91, www.returnafrica.com/activities/pafuri-camp/, The Outpost: 011/568 03 84; www.rareearth.co.za/the-outpost-summary

Verkehrsmittel

Das Verkehrsmittel der Wahl im Krüger Park ist der eigene Pkw. Ein Allradfahrzeug ist nicht notwendig. Keinesfalls dürfen die vorgegebenen Straßen verlassen werden. Aussteigen ist nur bei den ausgewiesenen Camps und Rastplätzen erlaubt. Straßenkarten gibt es an den Eingangstoren. Die Geschwindigkeitsbegrenzung auf Asphaltstraßen liegt bei 50 km/h, auf Schotterpisten bei 40 km/h, in den Restcamps bei 20 km/h.

Kinder

Der Krüger Park ist für eine Reise mit Kindern durchaus zu empfehlen. Alle Camps im Park sind eingezäunt. Die meisten Unterkünfte bieten Swimmingpools und Spielplätze, die Restaurants haben kindgerechte Mahlzeiten im Angebot. Für Fahrten im offenen Geländewagen müssen die Kinder mindestens sechs Jahre alt sein, auf den Wildniswanderungen mindestens zwölf Jahre.

Wandern

Die meisten staatlichen Camps im Krüger Park bieten begleitete Spaziergänge bzw. Wanderungen durch den Busch. Maximal acht Gäste machen sich früh am Morgen oder am Nachmittag auf den Weg in die Wildnis. Geführt werden sie von erfahrenen und bewaffneten Rangern. Die Gäste müssen Kleidung in gedeckten Farben tragen. Kinder dürfen in der Regel ab zwölf Jahren mit. Wer die Natur besonders intensiv zu Fuß erleben möchte, kann sich für einen der »Wilderness Trails« entscheiden. Sie umfassen in der Regel vier Übernachtungen in rustikalen Zweibetthütten. ■ Buchung: Tel. 012/428 91 11 oder 082/233 91 11, www.sanparks.org/parks/kruger; die Wilderness Trails müssen zwingend vorgebucht werden, die Spaziergänge können auch bei der Rezeption des jeweiligen Camps angefragt werden.

25 Greater Krüger Park – Private Game Reserves

Private Wildreservate mit hervorragenden Lodges und spektakulären Safaris

i Information

■ Websites der Naturreservate: sabi.krugerpark.co.za, www.manyeleti.com, timbavati.co.za, klaseriereserve.co.za

An der Westflanke des Krüger Park liegt ein Tausende km² großes Gebiet (Greater Kruger), das sich aus privat geführten Farmen und Reservaten zusammensetzt. Die Wildtiere sind die gleichen wie im staatlichen Park. Wer sich im Greater Kruger einbucht, muss mit sehr viel höheren Kosten rechnen. Dafür erhält er exquisite Unterkünfte mit voller, meist hervorragender Verpflegung und fährt mit gut geschulten Rangern in offenen Geländewagen auf die Pirsch. In den privaten Reservaten ist es außerdem erlaubt, bei einer Tiersichtung die Straße zu verlassen und ins Gelände zu fahren, was ein großer Vorteil ist und viele Besucher dazu veranlasst, diese Alternative zu wählen. Privatreservate sind beispielsweise Sabi Sand, Timbavati, Manyeleti und Klaserie. Empfehlenswert ist jeweils ein Aufenthalt von drei Nächten, sprich zwei vollen Safaritagen. Die Unterkünfte in den Reservaten können direkt oder über Reiseveranstalter gebucht werden.

Einzelne Tiere, wie dieses Zebra, sind an die Zivilisation in den Parks gewöhnt

ADAC *Mobil*

Obwohl das eigene Auto kostengünstiger ist, sollte man auf jeden Fall einmal in ein **offenes Safarifahrzeug** steigen. Das Naturerlebnis ist direkter, die Sicht besser, und man ist mit einem Fahrer unterwegs, der Erfahrung im Aufspüren von Tieren hat. Ein Sundowner-Stopp auf der Abendsafari mit Getränken und Snacks ist fast immer eingeplant. Aber Achtung: In den Wintermonaten und früh am Morgen sowie nach Einbruch der Dämmerung kann es im Fahrtwind sehr kalt werden. Warme und windabweisende Kleidung sind ein Muss.

Sehenswert

Sabi Sand Game Reserve

| Naturreservat |

Das Sabi Sand Game Reserve wird vom Sabi River begrenzt und vom Sand River durchquert. Das Gebiet ist ein Leckerbissen für Safarifans, da die Wildbeobachtungen spektakulär sind. Sabi Sand gilt weltweit als bester Platz, um Leoparden und Löwen in freier Wildbahn zu sehen. Das Gebiet setzt sich aus verschiedenen Privatreservaten zusammen, die nicht durch Zäune voneinander getrennt sind. Jede Lodge nutzt ihre eigenen Fahrzeuge, die sich aber im gesamten Gebiet bewegen dürfen. Im Sabi-Sand-Reservat findet sich eine ganze Reihe von Top-Lodges, die zum Teil viele Hundert Euro pro Nacht und Person kosten.

■ Tel. 021/424 10 37, sabi.krugerpark.co.za

Timbavati Game Reserve

| Naturreservat |

Das Timbavati Game Reserve ist für seine Population an weißen Löwen berühmt, deren Anzahl allerdings stark schwankt. Ganz allgemein gilt das Reservat als eine Top-Safaridestination mit Raubtieren wie Löwen, Leoparden, Geparden und Hyänen auf der einen Seite und Pflanzenfressern wie Elefan-

Ein Löwenrudel im Sabi Sand Game Reserve rastet in der Nähe eines Wasserlochs

Im Blickpunkt

Südafrikas Nationalparks – die berühmtesten der Welt

Es gibt 19 staatlich ausgewiesene Nationalparks in Südafrika, dazu zahlreiche Naturreservate. Wer unterschiedliche Erlebnisse und Naturlandschaften kombinieren möchte, kann sich an folgender Auswahl orientieren:

West Coast National Park: Der Park 120 km nördlich von Kapstadt besticht durch seine einzigartige Fynbos Vegetation. Spektakulär wird es im südafrikanischen Frühling. Dann überziehen Blütenteppiche den Park.

Table Mountain National Park: Nationalpark vor den Toren Kapstadts, der vom Signal Hill bis nach Cape Point auf der Kaphalbinsel reicht und zum UNESCO-Welterbe gehört. Die gebirgige Landzunge mit spektakulären Tälern, Steilküsten, Buchten und Stränden wird im Westen vom Atlantik begrenzt und im Osten von der False Bay. Die Pflanzenwelt zeigt eine spektakuläre Bandbreite, an Tieren sind u. a. Zebras, Eland-Antilopen, Paviane, Pinguine, Delfine und Wale zu sehen. Im Park liegen zwei weltbekannte Sehenswürdigkeiten: der Tafelberg und das Kap der Guten Hoffnung.

Karoo National Park: Der Park liegt in der Halbwüste der Großen Karoo in der Nähe der Stadt Beaufort West. Hier findet sich eine erstaunliche Vielfalt an Lebewesen, die sich der extremen Hitze und Trockenheit des Gebiets angepasst haben, darunter Spitzmaulnashörner, Büffel, Kapzebras und Kaffernadler.

Garden Route National Park: Er erstreckt sich am Indischen Ozean von Wilderness im Westen bis St. Francis Bay im Osten mit dichten Wäldern, spektakulären Bergketten, Seen, Flussläufen und Meeresarmen. Vor allem die atemberaubenden Felsküsten, die tiefen Schluchten und die Baumgiganten im Tsitsikamma-Gebiet sind Anziehungspunkte.

Addo Elephant National Park: Der Park 70 km nordöstlich von Port Elizabeth war ursprünglich einmal zum Schutz einer kleinen Gruppe von Elefanten eingerichtet worden. Inzwischen beherbergt er viele der Dickhäuter und zahlreiche andere Wildtiere, darunter die Big Five. Er wird weiter ausgebaut und soll einmal der drittgrößte Park Südafrikas werden.

Kruger National Park: Der mit Abstand größte und bekannteste Nationalpark Südafrikas mit einer Fläche von 20 000 km². Der Park ist ideal für Selbstfahrer geeignet. Übernachtet wird in staatlichen Unterkünften im Park, in Häusern außerhalb oder in den noblen Lodges im westlich angrenzenden Greater Kruger. Zu sehen sind die Big Five und zahlreiche andere Tiere.

Hluhluwe Imfolozi National Park: Landschaftlich reizvoller Big-Five-Nationalpark in KwaZulu-Natal, der immer wieder als weniger überlaufene Alternative zum Krüger Park gehandelt wird. Vor allem Nashörner lassen sich hier hervorragend beobachten.

iSimangaliso Wetland Park: Lang gestreckter Nationalpark in KwaZulu-Natal am Indischen Ozean. Die Kombination aus Landsafaris und Tiererlebnissen in und am Wasser (u. a. Schildkrötenbeobachtung) machen den Park einzigartig.

ten, Büffeln, Kudus, Zebras, Giraffen und vielen weiteren Tieren auf der anderen Seite. Auch die seltenen Wildhunde können hier mit etwas Glück gesichtet werden. Der Zugang erfolgt über das Timbavati Main Gate, das nur 12 km vom Flughafen in Hoedspruit entfernt liegt. Auch in Timbavati gibt es eine ganze Reihe von Lodges aus dem Premiumbereich.

■ Tel. 015/793 24 30, timbavati.co.za

26 Panoramaroute Mpumalanga

Grandiose Ausblicke, Wasserfälle und der drittgrößte Canyon der Welt

i Information

■ Mpumalanga Tourism and Parks Agency, Hall's Gate Gateway an der N4, Nelspruit, Tel. 013/759 53 00 01, www.mpumalanga.com

■ Kruger Lowveld Tourism, LCBT House, Crossing Centre, Ecke N4/R40, Nelspruit, Tel. 013/755 19 88, www.krugerlowveld.com

Diese Panoramaroute gehört zu den schönsten und spektakulärsten Strecken in Südafrika. Sie durchquert die zerklüfteten Höhenzüge der Drakensberge von Mpumalanga. Hier fällt das Inlandsplateau, das Highveld, an der sogenannten Großen Randstufe mehr als 1000 m steil nach unten ab, und dem Besucher eröffnen sich grandiose Ausblicke auf das Lowveld. Die Region ist geprägt durch spektakuläre Steilwände, Wasserfälle, Schluchten, ausgedehnte Wälder und sanfte Hügellandschaften. Neben der fantastischen Naturkulisse kann man in der Region zahlreichen Outdooraktivitäten wie Wildwasser-Rafting, Abseilen, Bungee-Jumping, Klettern, Reiten, Mountainbiken und Wandern nachgehen. Der populärste Abschnitt der Panoramaroute verläuft auf der R532 von Graskop über God's Window, die Bourke's Luck Potholes, Blyderiver, Ohrigstad, Pilgrims Rest und zurück nach Graskop. Der spektakuläre Höhepunkt dieser Route ist der große Blyde River Canyon mit seinen »Three Rondavels«, den drei mächtigen Felsblöcken, die afrikanischen Rundhütten (Rondavels) gleichen.

Sehenswert

Sabie-Wasserfälle

| Wasserfall |

Rund um das Örtchen Sabie gehören zahlreiche Wasserfälle zum Landschaftsbild. Sie sind über kurze Stichstraßen von der Hauptroute erreichbar. Zu den bekanntesten gehören die Lone Creek Falls, die Bridal Veil Falls, die Horseshoe Falls, die Sabie Falls, die Mac Mac Falls, die Lisbon Falls und die Berlin Falls. Das Wasser stürzt an einigen Stellen fast 100 m über die Felskanten in die Tiefe und wird in Wasserbecken aufgefangen. In der Nähe der Mac Mac Falls liegen die Mac Mac Pools, Naturbecken mit wunderbar klarem, kaltem Wasser, das zu einem Bad einlädt. Die Wasserfälle liegen an der R532 zwischen Sabie und dem Blyde River Canyon.

Graskop

| Stadtzentrum |

Das kleine Örtchen Graskop findet sich oberhalb des Kowyns Pass und ist Ausgangspunkt für den populärsten Teil der Panoramaroute. Die ehemalige Goldgräbersiedlung, die 1880 gegrün-

In Pilgrim's Rest fühlen sich die Besucher in die Goldgräberzeit zurückversetzt

det wurde, liegt in einer Hügellandschaft und ist bei Reisenden ein beliebter Stopp. An der Hauptstraße gibt es zahlreiche Pensionen, Restaurants und Souvenirläden. Der Big Swing von Graskop gilt als das beste Bungee-Angebot der Region. Im freien Fall mit Blick auf den Graskop-Wasserfall geht es 68 m in die Tiefe

■ Graskop Information Centre: Pilgrim Street, 013/767 18 33, www.graskop.co.za; Big Swing: 079/779 87 13, bigswing.co.za

Pilgrim's Rest

| Freilichtmuseum |

»The pilgrim can rest« – »Der Pilger kann sich ausruhen«, soll der Goldgräber Alec Patterson gerufen haben, als er im Jahre 1873 an einem Nebenfluss des Blyde River Gold fand. Dem Einzelgänger war es zuvor im trubeligen Mac-Mac-Goldgräbercamp zu hektisch geworden, sodass er sein Hab und Gut in eine Schubkarre packte und weiter nach Westen zog. Die Funde im heutigen Pilgrim's Rest blieben nicht lang geheim. Bald rückte eine große Schar von Diggern aus aller Welt an und suchte in dem Flüsschen nach den wertvollen Steinen. In der Tat zeigte sich, dass die Gegend um Pilgrim's Rest im südlichen Afrika eine der lukrativsten war, um Gold direkt an der Erdoberfläche zu finden. Die vielen kleinen Claims der Digger wurden dann über die Jahre von der Minengesellschaft Transvaal Gold Exploration Company aufgekauft, die bis 1971 nach dem edlen Metall schürfte. Wenig später wurde Pilgrim's Rest vom Staat übernommen, in eine Art Freilichtmuseum umgewandelt und zum nationalen Kulturdenkmal erklärt. Heute können die Besucher einige der renovierten Häuser aus der Goldgräberzeit besichtigen und sich im Pilgrim's Creek sogar selbst als Goldwäscher ausprobieren.

■ Pilgrim's Rest Tourist Information, Main Street, Uptown, Tel. 013/768 1060, www.pilgrimsrest.org.za

God's Window

| Aussichtspunkt |

21 *Atemberaubendes Panorama in das subtropische Lowveld*

Vom Highveld hat man zahlreiche faszinierende Ausblicke in das subtropische Tiefland. Rund 3 km nördlich von Graskop findet sich einer der schönsten, der nicht umsonst God's Window, das Fenster Gottes, heißt. Dem Besucher bietet sich ein atemberaubendes Panorama, wenn der Blick steil in die Tiefe fällt und sich im Dunst verliert. Bei klarem Wetter lassen sich in der Ferne der Krüger Park und sogar die Berge von Mosambik ausmachen. Es lohnt sich, dort die rund 300 Stufen in den Regenwald in Angriff zu nehmen. Oben findet sich ebenfalls ein schöner Aussichtspunkt, und mit etwas Glück flattert der seltene Turaku-Vogel durch die Luft.

■ Zufahrt: von der R532 die Straßenschleife R534 nehmen

Bourke's Luck Potholes

| Naturschauspiel |

Eines der spektakulärsten Naturphänomene auf der Panorama Route sind die Bourke's Luck Potholes. Hier am Zusammenfluss des Treur River und des Blyde River hat das strudelnde Wasser zylinderförmige Hohlräume in das weiche Dolomitgestein gewaschen. Ein schöner Rundweg führt über das Gelände und über eine Brücke, von der aus man in die mächtigen Felsausbuchtungen schauen kann. Direkt am Parkplatz gibt es ein kleines, sehr interessantes geologisches Museum, das die Entstehung der Schluchtlandschaft anschaulich erklärt.

■ Anfahrt über die R532, zwischen den Berlin Falls und Three Rondavels gelegen

Eine wahrlich göttliche Aussicht kann man von God's Windows aus genießen

Blyde River Canyon

| Canyon |

10 *Spektakulärer Canyon mit Blick auf mächtige Felskuppeln*

Der Blyde River Canyon ist einer der spektakulärsten der Welt und wird wegen seiner grandiosen Ausblicke gern mit dem Grand Canyon in den USA und dem Fish River Canyon in Namibia verglichen. Das Blyde River Canyon Nature Reserve beginnt bei Graskop und endet weiter nördlich am Blyderivierspoort Dam. Auf fast 30 km hat sich der Fluss viele Hundert Meter tief in das felsige Gestein der Drakensberge gegraben. Neben wunderbaren Ausblicken fasziniert die Gegend mit einer reichen Tier- und Pflanzenwelt. Der bekannteste Aussichtspunkt ist ganz im Norden der Lowveld Viewpoint nahe der R532. Von hier geht der Blick tief in die Schlucht und auf die gegenüberliegende Seite mit den »Three Rondavels«, mächtigen Felskuppeln, die an afrikanische Rundhütten erinnern. Der Blyde River Canyon ist ein absolutes Muss.

■ Tel. 013/753 31 15, www.mpumalanga.com/routes/panorama-route

Wandern

Am Canyon gibt es zahlreiche schöne Wanderwege. Manche sind in ein bis zwei Stunden zu bewältigen, für andere muss eine mehrtägige Tour gebucht werden. Stets geht es durch eine verschwenderisch grüne Natur, an Flüssen und Wasserfällen vorbei und mit Blick auf Steilhänge oder in spektakuläre Täler. Für die Touren mit großen Höhenunterschieden sind Trittsicherheit und Fitness erforderlich. ■ Eco Tails: 082/663 61 68 oder 064/523 18 07, www.ecotrail.co.za

Naturwunder Blyde River Canyon

27 Waterberg

Big-Five-Tierwelt und viele private Naturreservate für malariafreie Safaris

Information

■ Waterberg Tourism Association, Tel. 014/718 33 00, www.waterberg.gov.za

Das Waterberg Plateau, eine rund 150 km lange Bergkette in der Provinz Limpopo, erstreckt sich von Thabazimbi im Südwesten bis zum Lapala-la-Fluss im Nordosten mit dem 2100 m hohen Kransberg bei Thabazimbi als höchste Erhebung. Wer über die R33 hierherkommt, wird von den »Sieben Schwestern« empfangen, rostrote Felskuppeln, die wie Wächter im Grasmeer stehen und davon erzählen, dass die ehemaligen Siedler auf der Suche nach neuem Land keinen Weg in die unzugängliche Region fanden. Im Nachhinein war das ein großes Glück, denn so blieben die steilen, felsigen Hänge, die wasserreichen Flussläufe, die weiten Savannenlandschaften mit ihren Akazien, Aloen und Sukkulenten sowie die zahlreichen Höhlen mit Felszeichnungen der Buschmänner weitgehend unberührt. Die Region sei das einzige noch nahezu ursprüngliche Gebiet in ganz Südafrika, wird gern behauptet.

Nur wenige asphaltierte Straßen durchziehen die Region. In der Regenzeit zwischen November und März führen die Flüsse Hochwasser, und viele Schotterpisten sind dann nicht passierbar. Die Region ist Big-Five-Gebiet, dabei aber malariafrei. Beste Bedingungen also für die Einrichtung von zahlreichen privaten Wildreservaten mit dazugehörigen Game Lodges. Ein Geheimtipp in der Region ist der Marakele National Park.

Sehenswert

Marakele National Park

| Nationalpark |

Der Marakele National Park ist ein relativ junges Wildschutzgebiet, das am südwestlichen Ende des Biosphärenreservats Waterberg liegt und unter der Obhut von South African National Parks steht. In dem immer noch wenig bekannten Nationalpark findet man eine spektakuläre Landschaft mit tief eingeschnittenen Tälern, riesigen Palmfarnbäumen und einer beeindruckenden Tierwelt, zu der auch die Big Five gehören. In Marakele lebt auch die weltweit größte Population der gefährdeten Kapgeier. Das Reservat rund 250 km nordwestlich von Johannesburg wurde 1994 gegründet und umfasst eine Fläche von 670 km^2. Es ist malariafrei, was es vor allem interessant für Familien mit Kindern macht. Im Park gibt es nur Sand- und Schotterwege. Deshalb ist auch das Restcamp Tlopi Tented Camp am Ufer des

Kaffeepause auf der Terrasse einer Lodge im Marakele National Park

Apiesrivierpoort-Stausees normalerweise nur mit einem Geländewagen zu erreichen.

■ Zufahrt: über Thabazimbi (asphaltierte Straße); Parkbüro: Tel. 014/777 69 28, Buchung des Camps und des 4x4 Eco Trails über South African National Parks, Tel. 012/428 91 11, www.sanparks.org/marakele

28 Soutpansberg

Der Obstkorb Südafrikas und das Stammgebiet der Venda

Die Region Soutpansberg liegt ganz im Norden des Landes und grenzt an Simbabwe und Botswana. In dem fruchtbaren Gebiet säumen hellviolett blühende Jacarandabäume die Straßen, Korallenbäume leuchten in kräftigem Orange, und in den kleinen, gepflegten Gärten wachsen Palmen in den Himmel. Die Gegend rund um Elim und Louis Trichardt ist der Obstkorb Südafrikas. Hier gedeihen Macadamianüsse auf weiten Plantagen, hohe Papayabäume stehen in den Gärten, und die Mandarinenbäume hängen voller Früchte. Auf dem trubeligen Markt in Elim gibt es Avocados, Tomaten und Atcha, eine scharfe Gewürzsoße aus grünen Mangos. Die liebliche und fruchtbare Gegend ist zudem eine kulturelle Fundgrube. Das Volk der Venda ist hier mehrheitlich zu Hause und pflegt seine Traditionen auch heute noch. In den Gemeinden gibt es zahlreiche Künstler und Kunsthandwerker, darunter Holzschnitzer, Instrumentenbauer, Kunstmaler und Perlensticker. Besonders geheimnisvoll ist der Lake Fundudzi, der in der Tradition der Venda eine mystische Rolle spielt.

Sehenswert

Mapungubwe National Park

| Nationalpark |

Der Mapungubwe National Park hat vor allem kulturhistorische Bedeutung und gehört seit 2003 zum Weltkulturerbe. Er liegt etwa 65 km westlich von Musina im Dreiländereck von Südafrika, Botswana und Simbabwe. 1932 fand man hier verschiedene Königsgräber mit reichen Grabbeigaben aus Elfenbein, Gold und Kupfer sowie Porzellan- und Glasperlen. Später wurde ein ehemaliger Palast freigelegt. Man geht davon aus, dass Mapungubwe etwa zwischen 950 und 1300 ein mächtiges Königreich war und die Bewohner Handel mit arabischen Kaufleuten von der Ostküste trieben. Das hervorragende Museum namens »Interpretation Centre« berichtet anschaulich aus dieser Zeit. Der Mapungubwe National Park bietet darüber hinaus eine vielfältige Tierwelt mit Nashörnern, Hyänen, Löwen, Geparden, Elefanten und weiteren Tieren. Im Park gibt es drei Camps, die über Sanparks gebucht werden können.

■ Parkbüro: Tel. 015/534 20 14, Campreservierung Tel. 012/428 91 11, www.sanparks.org/parks/mapungubwe

ADAC *Wussten Sie schon?*

Der **Lake Funduzi** in Soutpansberg gilt den Venda als heiliger Ort. Früher durften sich die Menschen dem See nur rückwärts nähern und einen Blick in gebeugter Haltung durch beide Beine nach hinten wagen. Auch heute noch braucht man die Erlaubnis des örtlichen Dorfvorstehers, um an seine Ufer zu gelangen.

Übernachten

Die Region hat Übernachtungsmöglichkeiten für nahezu jeden Geldbeutel. Besonders im Krüger Park, entlang der Panoramaroute Mpumalanga und in den Privatreservaten ist die Auswahl groß. Vor allem in Letzteren finden sich Highend-Lodges, die größten Luxus mit spektakulären Naturerlebnissen verbinden und pro Person und Nacht gern einmal mehrere Hundert Euro kosten (inklusive aller Leistungen und Aktivitäten). Deutlich günstiger wohnt es sich außerhalb des Parks und der Reservate. Insgesamt ist das Preis-Leistungs-Verhältnis in Südafrika sehr gut. Auch für überschaubare Kosten findet man schöne Unterkünfte.

Krüger Park 100

22 **€€–€€€ | Pafuri Camp** Gelegen im Makuleke Reserve im landschaftlich reizvollen Norden des Krüger-Nationalparks. Das private Camp erlaubt Offroadfahrten innerhalb des Krüger Park. Es liegt am Luvuvhu-Fluss, in dem häufig Elefanten baden. ■ Erreichbar durch das Parfuri Gate, Tel. 011/646 13 91, www.returnafrica.com

€€€ | Singita Lebombo Stylishe Luxuslodge im Osten des Krüger Park an der Grenze zum Nachbarland Mosambik. Singita Lebombo und die Nachbarlodge Singita Sweni gehören zu den Top-Unterkünften in Südafrika und liegen in einem wildreichen Areal, flankiert von der schroffen Lebombo-Gebirgskette. ■ Tel. 021/683 34 24, www.singita.com

Greater Krüger Park – Private Game Reserves 105

€€–€€€ | Kirkman's Kamp Gelegen im Sabi-Sand-Naturreservat, das dem Krüger Park angegliedert ist. Vor allem die Leopardensichtung ist hier sehr gut. Lounge und Restaurant sind in einem ehemaligen komplett renovierten Farmhaus untergebracht. Die historische Atmosphäre macht den besonderen Charme dieser familienfreundlichen Unterkunft aus. ■ Tel. 011/809 43 00, www.andbeyond.com

€€–€€€ | Ngala Safari Lodge Gelegen im privaten andbeyond Ngala Private Game Reserve am Westrand des Krüger Park, einer an Wildlife besonders reichen Region. Es werden Safarifahrten und geführte Wanderungen angeboten. Die Ngala Safari Lodge ist besonders kinderfreundlich. ■ Tel. 011/809 43 00, www.andbeyond.com

Panoramaroute Mpumalanga 108

€–€€ | Hippo Hollow Country Estate Weitläufiges Countryhotel mit einladenden Zimmer und gemütlichem Loungebereich am Sabie-Fluss. Wer möchte, kann ein Outdoor-Dinner auf einer Holzbrücke über dem Fluss einnehmen. Mit Glück können dabei Flusspferde beobachtet werden. ■ R40, Hazyview, 1242, Tel. 013/737 77 52, www.hippohollow.co.za

€–€€ | Little Pilgrims Boutique Hotel Individuell gestaltete Lodge mit ansprechenden Zimmern in unterschiedlichen Designs, Swimmingpool, Bar und einladendem Frühstücksbereich. ■ R40 Main Rd, Hazyview, Mpumalanga, Tel. 013/737 31 63, www.littlepilgrims.co.za

€€ | **Summerfields Rose Retreat & Spa** Zwölf Luxuszeltsuiten inmitten grüner Natur mit Blick auf den Fluss. Das Retreat und ein dazugehöriges Gourmetrestaurant liegen auf der Summerfields Farm mit Macadamia- und Litschibäumen. ■ R536 Hazyview-Sabie Rd, Hazyview 1242, Tel. 013/737 65 00, www.summerfields.co.za

Waterberg 111

€€ | **Tlopi Tented Camp** Gelegen am Ufer des Apiesrivierpoort-Stausees im Marakele National Park. Die Unterkünfte bestehen aus Safarizelten mit Duschbad, Toilette und einer voll eingerichteten Küche. Das Restcamp liegt 17 km von der Rezeption entfernt und ist nicht eingezäunt. Besuch von Wildtieren ist also möglich. ■ Tel. 012/428 91 11, www.sanparks.org

€€€ | **Ant's Hill und Ant's Nest** Gelegen im Ant's Private Game Reserve in der Waterberg-Region. Sehr hochwertige Unterkünfte in toller Lage mit besonderem Schwerpunkt auf dem Nashornschutz und der Möglichkeit für Reitausflüge. ■ Tel. 087/820 72 33, www.waterberg.net

€€€ | **Makweti Safari Lodge** Gelegen im Welgevonden Game Reserve in der Waterberg-Region. Kleine, aber sehr feine Lodge mit Top-Küche und hervorragende Safarifahrten. ■ Tel. 011/837 67 76, www.makweti.com

Soutpansberg 113

23 €–€€ | **Madi a Thavha Mountain Lodge** Eine von der Holländerin Marcelle Bosch betriebene Lodge inmitten der Region Soutpansberg mit einer kleinen Kunstausstellung und einem Shop. Die Lodge unterstützt Künstler und Kunsthandwerker in der Region und bietet Führungen an. ■ Vivo Rd, Louis Trichardt 0920, Tel. 083/342 41 62, www.madiathavha.com

ADAC *Das besondere Hotel*

Camp **Jabulani,** gelegen in einem Big-Five-Naturreservat in Hoedspruit, besitzt eine eigene Elefantenherde. Das umliegende Naturreservat wurde gegründet, um verwaisten Elefanten ein neues Zuhause zu geben. Die Tiere erhalten bei artgerechter Haltung eine perfekte Versorgung. Im Reservat bietet eine Premiumlodge sechs Luxussuiten. Die Gäste genießen Big-Five-Safaris und bekommen Einblicke in das Leben der Elefanten.
€€€ | Tel. 074/137 32 86 oder 015/793 12 65, www.jabulanisafari.com

Der Nordwesten und das Landesinnere

Wer authentische Erlebnisse sucht und von kargen Landschaften fasziniert ist, findet im Zentrum und im Norden Südafrikas sein Eldorado.

Der Nordwesten und das Landesinnere Südafrikas mit den endlosen, kargen Ebenen, den Trockensavannen und Halbwüsten liegt weit abseits der touristischen Hauptrouten – und übt eine besondere Faszination aus. Wer sich in diese riesige Region vorwagt, die sich über die Provinzen Northern Cape, North West Province und Freestate erstreckt, erlebt ein authentisches Südafrika mit sehr gastfreundlichen Menschen in weit auseinanderliegenden Orten und Siedlungen. Der Freestate, in dem auch heute noch viele Burenfamilien als Nachfahren der einstigen Voortrekker leben, ist die Kornkammer und das ländliche Herz Südafrikas. Weizen- und Maisfelder bestimmen das Bild. Unter der Erde schlummern Reichtümer – Gold, Uran, Silber und Diamanten. Auch in der Nordwest-Provinz ist Bergbau ein wichtiger Wirtschaftsfaktor. Platin, Gold und Uran heißen hier die Schätze.

Doch auch für Touristen gibt es einige Gründe, die Region nordwestlich von Johannesburg zu besuchen. Hauptattraktionen sind der riesige Vergnügungspark Sun City und die beiden Naturreservate Pilanesberg National Park und Madikwe Game Reserve. Die beiden Big-Five-Naturparks sind – vor allem auch bei Familien – beliebt, weil sie malariafrei und ab Johannesburg gut erreichbar sind. Wer ein echter Abenteurer ist und auch weite Fahrten nicht scheut, findet im Northern Cape lohnenswerte Ziele, allen voran den südafrikanischen Teil des Kgalagadi Transfrontier Park. Vor allem Liebhaber von Wüstenlandschaften sind in diesem grenzübergreifenden Naturreservat richtig. Berühmt sind hier die Kalahari-Löwen, die durch eine besonders dunkle Mähne auffallen.

In diesem Kapitel:

ADAC Empfehlungen:

24 Kgalagadi Transfrontier Park

| Nationalpark |

In dem grenzübergreifenden Park im Northern Cape gibt es eine faszinierende Dünenlandschaft und die berühmten Kalahari-Löwen. 121

25 !Xaus Lodge, Kgalagadi Transfrontier Park

| Lodge |

Exklusive und spektakulär gelegene Lodgeunterkunft – sie gehört den San, die spannende Einblicke in ihre Kultur geben. 123

29 Sun City

Glitzerwelt: Vom Casino bis zum Golfplatz werden sämtliche Wünsche erfüllt

Information

■ Tel. 014/557 10 00, Reservierungen Tel. 011/780 78 55, www.suninternational.com/sun-city

Das Las Vegas von Südafrika – so wird der riesige Vergnügungskomplex Sun City rund drei Autostunden von Johannesburg entfernt gern genannt. Mitten in der Savannenlandschaft steht hier eine Glitzerwelt mit Luxushotels, Spielcasinos, Kinos, Diskotheken, dem Abenteuerspielplatz Adventure Mountain für Kinder, dem Wasserpark Valley of the Waves und der künstlich angelegten Waterworld mit verschiedenen Wassersportangeboten. Regelmäßige Sportveranstaltungen und Popkonzerte lassen auch viele Südafrikaner nach Sun City kommen. Passionierte Golfer finden mit dem Gary Player Golf Course und dem Lost City Golf Course hervorragende Bedingungen. Seit den 1990er-Jahren gibt es zusätzlich den Casino-Komplex Lost City, der im Stil einer untergegangenen, fiktionalen afrikanischen Stadt mit Minaretten, Lustgärten und beleuchteten Pools wie eine Märchenstadt angelegt ist. Die Anfänge von Sun City reichen bis in die Zeit der Apartheid zurück. Damals gehörte das Areal zum ehemaligen schwarzen Homeland Bophuthatswana. Hier war erlaubt, was ansonsten im calvinistisch geprägten Südafrika verpönt war: Glücksspiel und Tanzrevuen, bei denen viel nackte Haut zu sehen war. Heute hat Sun City jede Verruchtheit verloren. Alle, die Vergnügen an Spiel, Spaß, Sport, bunten Shows und märchenhaften Fantasiewelten haben, finden in Sun City, was ihr Herz begehrt. Alle Hotels in Sun City und Lost City sind übrigens Mitglieder der Hotelkette Sun International und müssen dort zentral gebucht werden (Tel. 011/780 78 05).

■ Rustenburg, North West Province, Anreise: auf der N4 bis Brits, dann auf die R556 oder auf der N4 bis Rustenburg, dann R556

Kinder

Von Minigolf über Quad-Biking für Kinder bis zur lehrreichen Krokodilfarm: Der Vergnügungspark Sun City ist sehr gut auf Familien eingestellt und gilt auch unter Südafrikanern als beliebtes Freizeitziel für Jung und Alt. Wenn die Eltern etwas allein unternehmen möchten, wird der Nachwuchs auf Wunsch in speziellen Kindereinrichtungen betreut (www.suninternational.com/sun-city).

30 Pilanesberg National Park

Hervorragende Tiersichtung in einem der populärsten Big-Five-Parks

Information

■ North West Parks and Tourism Board, Tel. 018/381 73 41, www.northwestparks.org.za, Parkbüro: 014/555 16 00, weitere Infos: www.pilanesbergnationalpark.org/de

Größer könnte der Kontrast kaum sein: Rund 5 km nördlich von der Glitzerwelt Sun City liegt das Haupt-Gate

ADAC *Wussten Sie schon?*

Im Norden Südafrikas, im Witsand Nature Reserve zwischen Upington und Kuruman, gibt es donnernde Dünen. »**Brilsand**« – »**brüllender Sand**« heißen sie auf Afrikaans. Immer wenn die Sonne in den afrikanischen Sommermonaten die weißen, durch Windverwehungen entstandenen Dünen sehr stark aufheizt, beginnen sie zu vibrieren, und ein tiefes Grollen wie von einem fernen Donner ertönt. *www.witsandkalahari.co.za*

zum Pilanesberg National Park, einem 570 km² großen Big-Five-Reservat im Krater eines erloschenen Vulkans, der vor 1300 Mio. Jahren das letzte Mal ausgebrochen ist. Im Zentrum des fast kreisrunden Parks liegt der Lake Mankwe, an dem man wunderbar Krokodile, Nilpferde und viele Wasservögel beobachten kann. Im Pilanesberg National Park bieten sich gute Chancen, die Big Five zu sehen, dazu gibt es braune Hyänen, Giraffen, Zebras und nahezu alle Tiere, die im südlichen Afrika vorkommen. Der Park verfügt auch über eine Reihe von Hochsitzen, die eine besonders gute Wildsichtung ermöglichen. Seine Entstehungsgeschichte ist interessant: um Großstädtern ein Erholungsgebiet und Wildlife-Erlebnisse zu ermöglichen, wurde im Jahr 1979 die »Operation Genesis« ins Leben gerufen. In ihrem Rahmen wurden Straßen gebaut, Zäune gezogen und rund 6000 Wildtiere aus anderen Regionen Afrikas nach Pilanesberg geholt und dort ausgewildert. 1993 waren sogar – trotz anfänglicher Bedenken der umliegenden Gemeinden – Löwen aus dem Etosha Park in Namibia darunter. Inzwischen zählt der Park mehr als 7000 Tiere und rund 300 Vogelarten. Beliebt ist er auch wegen seiner guten Erreichbarkeit von Johannesburg aus und weil er malariafrei ist. Pilanesberg hat den Status eines Nationalparks, bietet aber private Unterkünfte.

■ Anreise: von Rustenburg über die R565 nach Sun City, dann in den Park über das Bakubung Gate oder R510 über Mogwase zum Manyane Gate

31 Madikwe Game Reserve

Das viertgrößte und eines der schönsten Wildreservate des Landes

i Information

■ North West Parks and Tourism Board, Tel. 018/381 73 41, www.northwestparks.org.za, Parkbüro: Tel. 018/350 99 31/2, weitere Infos unter www.experiencemadikwe.com, www.madikwe-game-reserve.co.za und www.madikwegamereserve.net

Ähnlich wie der Pilanesberg National Park verdankt auch das Madikwe Game Reserve seine Entstehung einer groß angelegten Umsiedlungoperation, bei der Wildtiere aus Südafrika, Namibia und Simbabwe in dieses malariafreie Gebiet in der North West Province rund 400 km nordwestlich von Johannesburg gebracht wurden. Zweck war, gefährdeten Tierarten eine Heimat zu geben und nachhaltige Tourismusprojekte zu fördern, um für die einheimische Bevölkerung in dieser abgelegenen Gegend sichere Arbeitsplätze zu schaffen. Ab 1993 kamen im Rahmen der »Operation Phoenix«

Die Dutch Reformed Mother Church in Kimberley, der Hauptstadt von Northern Cape

mehr als 8000 Tiere in das 75 000 ha große Areal an der Grenze zu Botswana. Heute ist Madikwe das viertgrößte Wildreservat in Südafrika. Die Chancen, die Big Five und die eher selten zu findenden Wildhunde zu entdecken, stehen gut. Der Park ist nicht überlaufen, da keine Tagesbesucher zugelassen sind. Hinein kommt nur, wer sich in eine der über 20 privaten Safarilodges eingebucht hat.

■ Anreise: von Pretoria auf der N4 bis Zeerust, dann auf die R49 nach Madikwe. Es gibt zwei Gates im Westen, zwei im Norden und zwei im Osten.

32 Kimberley

Hier dreht sich alles um Diamanten – Hauptattraktion ist das »Big Hole«

Information

■ Diamondveld Visitors Center, 121 Bultfontein Rd, Tel. 053/832 72 98, www.solplaatje.org.za

■ Northern Cape Tourism Authority, 15 Villiers St, Tel. 053/832 26 57, www.experiencenortherncape.com

1867 wurde hier der erste Diamant gefunden. Bald darauf zog es Glücksritter und Geschäftsleute nach Kimberley, und schon drei Jahre später bevölkerten 30 000 Menschen die heutige Hauptstadt der Northern-Cape-Provinz. Ihr einziges Ziel: Diamanten finden und reich werden. Um das zu erreichen, buddelten sie ein gigantisches Loch – 215 m tief und mit einem Umfang von 1,6 km. Das Firmenimperium De Beers, das auch heute noch die Diamantenindustrie im südlichen Afrika dominiert, wurde 1888 in Kimberley von Cecil Rhodes gegründet. Im Jahre 1914 endete der Diamantenabbau am Big Hole. Bis dahin hatte man sagenhafte 2722 kg der begehrten Glitzersteine ans Tageslicht gebracht. Heutige Besucher können in die vergangene Welt der Diamantensucher eintauchen und am Big Hole in die Tiefe schauen. Interessant ist vor allem die Freiluftausstellung des The Big Hole & Kimberley Mine Museum. Wohnhäuser, Geschäfte, Pubs, ein Ballhaus und das Farmhaus der DeBeers-Familie, nach der die heute noch bestehende Minengesellschaft benannt wurde, sind im Originalstil der 1880er-Jahre nachgebaut worden und können besichtigt werden.

■ Kimberley Mine Museum, Tucker St, Tel. 053/833 46 00, tgl. 8–17 Uhr

33 Augrabies Falls National Park

Donnerndes Wasser, spektakuläre Landschaft: Der Oranje River stürzt in die Tiefe

Information

■ Buchungen und Reservierungen: South African National Parks, Tel. 012/428 91 11, www.sanparks.org

■ Augrabies Falls National Park, Tel. 054/452 92 00

Aukoerabis, »Ort des großen Lärms«, so nannten die Khoikhoi die Wasserfälle, die heute unter dem Namen Augrabies Falls bekannt sind. Tatsächlich donnert hier der Oranje River mit mächtigem Tosen in mehreren Wasserfällen in die Tiefe und verliert sich dann in einer mehr als 200 m tiefen und 18 km langen Schlucht. Spektakulär ist es allemal, wenn hier in einer kargen Halbwüste Gischtwolken vor dem tiefblauen Himmel hängen und sich der Sprühnebel glänzend auf auf die gezackten Felswände der Schlucht legt. Die Wasserfälle sind die Hauptattraktion im Augrabies National Park, der 1967 gegründet wurde und an den Ufern des Oranje verläuft. Darüber hinaus bietet der Naturpark schöne Wandermöglichkeiten durch eine eindrucksvolle, bizarre Landschaft mit Kameldornbäumen und Namaquafeigen. In dem trockenen Wüstenklima gedeiht auch der markante Köcherbaum, eine Sukkulentenart, die im Stamm reichlich Wasser speichern kann und so Trockenperioden überlebt. Seinen Namen erhielt er, weil die San seine Äste als Köcher für ihre Pfeile nutzten. Der Nationalpark beherbergt zahlreiche Tierarten, darunter verschiedene Antilopen, Paviane, Spitzmaulnashörner und Leoparden.

■ Anreise: 120 km westl. von Upington

Wandern

Im Augrabies Falls National Park gibt es verschiedene Wanderrouten. Zu den kürzeren gehören der Gorge Trail (2 km), der Ebony Trail (3 km) und der Dassie Trail (5 km). Beliebt ist auch der 36 km lange Klipspringer Hiking Trail (3 Tage und 2 Nächte), der bei South African National Parks gebucht werden muss (www.sanparks.org).

34 Kgalagadi Transfrontier Park

24 *Faszinierende rote Sanddünen und Trockensavanne*

Information

■ Buchungen und Reservierungen: South African National Parks, Tel. 012/428 91 11, www.sanparks.org

■ Parkmanager: Tel. 054/561 20 00

Karg, knochentrocken und von einer faszinierenden Schönheit – so präsentiert sich der Kgalagadi Transfrontier

ADAC *Spartipp*

Der **Kgalagadi Transfrontier Park** ist perfekt geeignet für Wildlife-Fans, die kostengünstig auf Safari gehen wollen. Es gibt auf der südafrikanischen Seite eine ganze Reihe von **Camps,** die alle bezahlbar sind. Die umzäunten Restcamps Twee Rivieren, Nossob und Mata Mata kosten zwischen 500 und 700 Rand für zwei Personen, Camping dort etwa 150 Rand für zwei Personen. Die sogenannten Wilderness Camps – basic, nicht eingezäunt, aber authentisch und dicht an der Natur – kosten bei Unterbringung in Hütten oder Safarizelten zwischen 800 und 900 Rand für zwei Personen (www.sanparks.org).

Park im Northern Cape. Er ist ein Zusammenschluss des Kalahari Gemsbok Park in Südafrika und des Gemsbok National Park in Botswana und mit fast 37 000 km² fast doppelt so groß wie der Krüger Park, wobei der südafrikanische Teil mit 9500 km² nur etwa ein Viertel ausmacht. Eine befestigte Grenze gibt es nicht, das Wild kann frei umherstreifen. Der trockengefallene Grenzfluss Nossob, der sich von Nordwesten nach Südosten durch den Park zieht, kann von Safarigästen ohne Passformalitäten überquert werden. Der Park besticht durch seine Landschaft mit ihren weiten roten Sanddünen und der einmaligen Tierwelt, die sich auf faszinierende Weise dem Leben in der Trockenheit angepasst hat. 58 Säugetierarten sind hier heimisch, darunter viele Antilopenarten, Geparden, Leoparden und Hyänen. Berühmt sind die Kalahari-Löwen, die durch ihre besonders dunkle Mähne auffallen und perfekt mit der Wasserknappheit zurechtkommen. Es gibt eine ganze Reihe von Restcamps im Park, die meisten auf der südafrikanischen Seite. Die Buchung erfolgt nur über Sanparks (www.sanparks.org).

Oryxantilopen an einem Wasserloch im Kgalagadi Transfrontier Park

Übernachten

So unterschiedlich und weitläufig der Nordwesten und das Zentrum Südafrikas sind, so abwechslungsreich sind auch die Unterkünfte. Sie reichen von einfachen Camps über charmante, privat geführte Gästehäuser bis zu Fünfsternehotels inmitten von Vergnügungsparks. Die Premiumunterkünfte liegen vor allem in der Nähe von Johannesburg in Sun City und rund um den Pilanesberg National Park. Je abgelegener die Orte, umso preisgünstiger, häufig aber auch warmherziger und origineller sind die Hotels und Gästehäuser.

Pilanesberg 118

€€–€€€ | **Ivory Tree Game Lodge** Exklusive Lodge, umgeben von Bergen in einer dicht bewaldeten Schlucht im Nordwesten der Pilanesberg National Parks. Es gibt fast 70 großzügige Suiten mit Bad, Außendusche, überdachter Terrasse und allen Annehmlichkeiten. ■ Pilanesberg National Park, Bakgatla Gate, Tel. 014/556 81 00, www.ivorytreegamelodge.info

Madikwe 119

€€–€€€ | **Buffalo Ridge Safari** Übernachtet wird in acht noblen Chaletsuiten, die allen Komfort bieten und sich wunderbar ins Buschveld einpassen. Buffalo Ridge ist ein perfektes Beispiel für nachhaltigen Tourismus: Die Lodge wird von einem professionellen Management betrieben, gehört aber dem einheimischen Bale-te-Stamm, der am Gewinn partizipiert. ■ Madikwe Game Reserve, Tel. 011/234 65 00, www.buffaloridgesafari.com

Kimberley 120

€–€€ | **Kimberley Club** Traditionshaus mit 21 Zimmern im eleganten Stil. Der Club wurde von Cecil Rhodes und seinen Diamantenfreunden 1881 als Privatclub gegründet. 1896 brannte er nieder, wurde dann aber wieder aufgebaut. Seit 2004 ist er ein Hotel mit wahrhaft historischer Ausstrahlung. Viele Prominente, darunter auch Königin Elizabeth II., haben hier schon genächtigt. ■ 35 Currey St., Tel. 053/832 42 26, www.kimberleyclub.co.za

Kgalagadi 121

25 €€–€€€ | **!Xaus Lodge** Die Lodge liegt spektakulär in der roten Dünenlandschaft der Kalahari mit einem grandiosen Ausblick auf die Ebene. Die strohgedeckten, eleganten Cottages sind stilvoll eingerichtet und über Holzstege vom Hauptgebäude aus erreichbar. Von den privaten Terrassen blickt man auf ein häufig besuchtes Wasserloch. Die wohl exklusivste Unterkunft im Kgalagadi Transfrontier Park ist eine Erfolgsgeschichte im nachhaltigen Tourismus. Die Nobellodge gehört der örtlichen San-Gemeinde, die auch von den touristischen Einnahmen profitiert. ■ 91st Dune, abseits der Auob River Rd, Kgalagadi Transfrontier Park, Tel. 021/701 78 60, www.xauslodge.co.za

ADAC *Service Südafrika*

Beim **ADAC Infoservice**, in den **ADAC Geschäftsstellen** sowie auf dem **Internetportal des ADAC** (adac.de) erhalten Sie Informationen zu den Dienstleistungen des Automobilclubs und zu Ihrem Reiseziel.
Rufen Sie bei Notfällen und Pannen den **ADAC Notruf** bzw. den **ADAC Auslandsnotruf** an. Unser Team steht Ihnen rund um die Uhr zur Verfügung.

ADAC Infoservice

Tel. 0800/5101112
Infos zu allen ADAC Leistungen
(Mo–Sa 8–20 Uhr, gebührenfrei)

ADAC Notruf Deutschland

Tel. 0180/2222222
(24 Std., ca. 6 ct/Anruf, max. 42 ct/Min. aus deutschem Mobilfunknetz)

ADAC Notruf Mobil-Kurzwahl

Tel. 222222
(Gebühren variieren je nach Netzbetreiber)

ADAC Auslandsnotruf

Tel. +49/89/222222
(Gebühren variieren je nach Netzbetreiber und Land)

Internet-Serviceangebote des ADAC für Ihre Reiseplanung

Service	Webadresse
Aktuelle Verkehrslage	adac.de/verkehr
ADAC Routenplaner	adac.de/maps
Infos zu Tankstellen und Spritpreisen	adac.de/tanken
Infos zu mautpflichtigen Strecken	adac.de/maut
Infos zu Fährverbindungen	adac.de/faehren
ADAC TourMail (Aktuelle Infos vor Anreise)	adac.de/tourmail
Informationen für Camper	adac.de/camping
Informationen für Motorradfahrer	adac.de/motorrad
Informationen für Segler und Skipper	adac.de/sportschifffahrt
ADAC Reiseangebote	adacreisen.de
ADAC Autovermietung	adac.de/autovermietung
ADAC Versicherungen für den Urlaub	adac.de/versicherungen
Weltweite Preisvorteile für ADAC Mitglieder	adac.de/vorteile-international

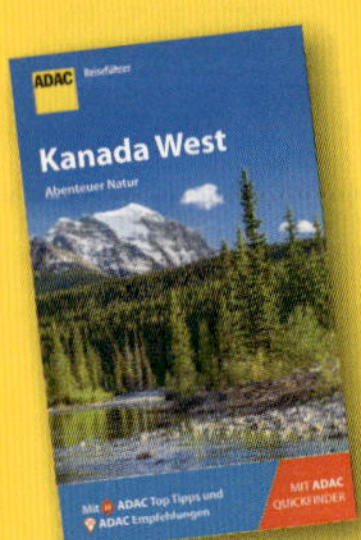

Diese **Produkte des ADAC** könnten Sie interessieren: **ADAC Reiseführer Kanada West, ADAC Reiseführer Kalifornien** und **ADAC Reiseführer Florida** – erhältlich im Buchhandel, bei den ADAC Geschäftsstellen und in unserem ADAC Online-Shop (adac.de/shop).

Anreise und Einreise

Flugzeug

Die Anreise nach Südafrika erfolgt in aller Regel mit dem Flugzeug. Der Flug dauert bei einer Strecke von ca. 10 000 km zehn bis zwölf Stunden. Die meisten Flüge gehen über Nacht.

Folgende Fluggesellschaften bedienen die Strecke, wobei sich die Frequenz saisonbedingt ändern kann: South African Airways (SAA), täglich von Frankfurt zum **Drehkreuz Johannesburg;** Lufthansa, ebenfalls täglich, von Frankfurt nach Johannesburg. Weitere Flüge gibt es u.a. mit KLM über Amsterdam, mit British Airways über London, mit Emirates über Dubai, mit Swiss über Zürich und mit Turkish Airlines über Istanbul.

Von Johannesburg gibt es zahlreiche **Inlandsflüge** u.a. nach Kapstadt, Port Elizabeth, Durban, Bloemfontein und Nelspruit. Neben der SAA fliegen auch die Billiganbieter Kulula (www.kulula.com) und Mango (www.flymango.com).

Einreise und Dokumente

Bei der Einreise müssen deutsche Staatsbürger einen **Reisepass** vorlegen, der nach dem Rückreisedatum noch 30 Tage gültig ist und mindestens zwei freie Seiten aufweist. Ein Visum ist nicht nötig.

Seit 2015 gelten verschärfte Einreisebestimmungen für minderjährige **Kinder.** Für diese müssen zusätzlich zum Reisepass weitere – in Englisch verfasste – Unterlagen vorgelegt werden, auch wenn die Kinder mit ihren biologischen Eltern einreisen. Übersetzte Kopien müssen beglaubigt sein. Reisen Kinder mit beiden biologischen Eltern, ist die Vorlage einer internationalen Geburtsurkunde erforderlich. Reist das Kind mit nur einem biologischen Elternteil, muss zusätzlich eine Einverständniserklärung des anderen biologischen Elternteils vorgelegt werden. Weitere Unterlagen werden verlangt, wenn Kinder ohne die eigenen Eltern, also allein oder mit anderen Personen, unterwegs sind.

- Informationen unter: www.suedafrika.org/visa-immigration/visas-short-stay-not-exceeding-3-months.html
- Weitere Informationen zu Einreise und Visum sind erhältlich bei: Botschaft der Republik Südafrika, Tiergartenstr. 18, 10117 Berlin, Tel. 030/22 07 30, www.suedafrika.org

Auto und Straßenverkehr

Führerschein und Papiere

Erforderlich ist ein internationaler Führerschein, der nur in Verbindung mit dem nationalen Führerschein gültig ist.

Straßennetz und Sicherheit

Das Straßennetz ist dicht ausgebaut und in einem meist guten Zustand. Von **Überlandfahrten** nach Einbruch der Dunkelheit sollte man absehen. Autopannen, schlecht gesicherte Baustellen und Tiere, die vors Auto laufen, sind ein Sicherheitsrisiko.

Verkehrsvorschriften

In Südafrika fährt man auf der linken Straßenseite. Die **Promillegrenze** liegt bei 0,5. Es besteht **Anschnallpflicht.** Die Verkehrsregeln gleichen in weiten Teilen den europäischen. Ungewohnt sind die **4-Way-Stops.** Dabei handelt es sich um Kreuzungen, die nicht durch Ampeln geregelt sind. Gekennzeichnet sind sie an den Einmündungen mit einem Stoppschild, das eine rote 4 trägt. Hier darf zuerst fahren, wer die Kreuzung zuerst erreicht. Viele Überlandstraßen haben auffällig breite Seitenstreifen. Auf diese weicht man aus, wenn man überholt wird.

Es gibt **Tempolimits,** deren Einhaltung regelmäßig kontrolliert wird. In Wildparks und Reservaten sind 40 km/h erlaubt, in Ortschaft 60 km/h, auf asphaltierten Landstraßen 100 km/h und auf Autobahnen/Highways 120 km/h.

Tanken

Es gibt ein gut ausgebautes **Tankstellennetz.** Angeboten werden in der Regel **Diesel,** 95 **Unleaded** (bleifrei) und 97 **Super** (verbleit). Achtung: Viele Tankstellen akzeptieren nur Bargeld! Die Servicekräfte – Selbstbedienung ist nicht üblich – erhalten gewöhnlich ein kleines Trinkgeld von zwei bis fünf Rand.

Parken

Auf dem Land und in kleineren Städten finden sich meist ausreichend Parkmöglichkeiten. In den Metropolen wie Johannesburg oder Kapstadt sollte man aus Sicherheitsgründen ein bewachtes **Parkhaus** oder einen bewachten **Parkplatz** wählen. In Kapstadt gibt es im Zentrum ausgewiesene **Parkbuchten,** für deren Nutzung man am Automaten zahlt.

Barrierefreies Reisen

Südafrika ist recht gut auf Menschen mit Einschränkungen eingestellt. Es gibt Verbesserungsbedarf, trotzdem nimmt das Land dahingehend eine Spitzenstellung in Afrika ein. Viele Attraktionen und Parks bieten entsprechende Einrichtungen. Zahlreiche **Nationalparks** haben barrierefreie, auch für Rollstuhlfahrer geeignete Unterkünfte. Häufig gibt es Beschreibungen in **Braille-Schrift.** Bei den größeren Autoverleihfirmen können mit Händen bedienbare **Autos** gemietet werden.

■ Detaillierte Infos unter www.disabledtravel.co.za. und www.dpsa.org.za

Diplomatische Vertretungen

Südafrikanische Vertretungen in Deutschland

Die Botschaft Südafrikas in Deutschland hat ihren Sitz in Berlin. Wer in Baden-Württemberg oder Bayern wohnt, kann auch das Generalkonsulat in München kontaktieren.

■ Botschaft der Republik Südafrika, Tiergartenstr. 18, 10785 Berlin, Tel. 030/22 07 30

■ Südafrikanisches Generalkonsulat München, Sendlinger-Tor-Platz 5, 80336 München, Tel. 089/231 16 30

Südafrikanische Vertretungen in der Schweiz und Österreich

■ Südafrikanische Botschaft Bern, Alpenstrasse 29, 3000 Bern, Schweiz, Tel. 031/350 13 13

■ Südafrikanisches Generalkonsulat Genf, 114 Rue de Rhône, 12041 Genf, Schweiz, Tel. 022/849 54 54

■ Südafrikanische Botschaft Wien, Sandgasse 33, 1190 Wien, Österreich, Tel. 01/320 64 93

■ Südafrikanisches Konsulat Graz, VIllefortgasse 13/II, 8010 Graz, Österreich, Tel. 0316/32 25 48

Deutsche Vertretungen in Südafrika

Die Auslandsvertretungen Deutschlands, Österreichs und der Schweiz helfen beim Verlust von Reisedokumenten, bei gravierenden Problemen und bei Auseinandersetzungen mit südafrikanischen Behörden.

- Botschaft der Bundesrepublik Deutschland, 180 Blackwood St, Arcadia, Pretoria, Tel. 012/427 89 00, Mo 7.30–16.30, Di–Do 7.30–16, Fr 7.30–13.30 Uhr
- Deutsches Generalkonsulat Kapstadt, 19. Stock, Safmarine House, 22 Riebeek St, Tel. 021/405 30 00, Mo–Fr 9–12 Uhr
- Honorarkonsul Port Elizabeth, Ecke William Moffat und Circular Dr, Walmer, Tel. 041/39 74 72 00, Mo–Fr 9–12 Uhr
- Honorarkonsul Durban, 9 Kensington Dr, Westville, Tel. 031/266 39 20, Mo–Fr 9–12 Uhr

Vertretungen der Schweiz in Südafrika

- Embassy of Switzerland Pretoria, 225 Veale St, Parc Nouveau, New Muckleneuk, Tel. 012/452 06 60
- Schweizer Generalkonsulat Kapstadt, No. 1 Thibault Sq, 26th Floor, Tel. 021/418 36 65

Vertretungen Österreichs in Südafrika

- Österreichische Botschaft Pretoria, 1109, Duncan St, Brooklyn, Tel. 012/452 91 55
- Österreichisches Generalkonsulat Kapstadt, 1 Thibault Sq, 3. Stock, Tel. 021/421 14 40

Feiertage

Südafrika zählt zwölf Feiertage (public holiday). Besonderheit: Fällt ein Feiertag auf einen Sonntag, so wird der folgende Montag zu einem freien Tag.

1. Jan. (Neujahrstag), 21. März (Tag der Menschenrechte), März/April: Karfreitag, Ostermontag (Tag der Familie), 27. April (Tag der Unabhängigkeit), 1. Mai (Tag der Arbeit), 16. Juni (Tag der Jugend), 9. Aug. (Tag der Frau), 24. Sept. (Tag der Nation), 16. Dez. (Tag der Nationalen Versöhnung), 25. Dez. (Weihnachtsfeiertag), 26. Dez. (Weihnachtsfeiertag und Tag des Guten Willens)

Geld und Währung

Geldwechsel

Die südafrikanische Währung heißt Rand. Geld tauscht man am besten und günstigsten nach der Ankunft am Flughafen am Bankschalter/Wechselstube. Oder man zieht sein Geld mit der Kreditkarte oder der EC-Karte mit Maestro-Zeichen am ATM-Automaten (ATM = Automatic Teller Machine). Kreditkarten werden im Land nahezu überall akzeptiert, am häufigsten sind Visa und Mastercard. Für kleine Einkäufe auf der Straße und vor allem an den Tankstellen sollte Bargeld bereitgehalten werden.

Banken

Südafrikanische Banken wie Nedbank, Standard Bank, FNB National Bank oder Absa Bank tauschen Devisen und Reiseschecks in südafrikanische Rand. In den Filialen gibt es meist auch einen ATM-Automaten zum Geldabheben. Die üblichen Öffnungszeiten der Banken: 9–15.30 Uhr, manche schließen mittags zwischen 13 und 14 Uhr.

Kosten im Urlaub

(durchschnittliches Preisniveau)

Tasse Kaffee	ca. 1,20 €
Glas Bier (0,33 l)	ca. 1,80 €
Essen in einem guten Restaurant	ca. 10,00 €
1 l Benzin	ca. 1,00 €

Südafrika bietet ein hervorragendes Preis-Leistungs-Verhältnis. Für hohe Qualität in den Unterkünften und in Restaurants werden vergleichsweise geringe Kosten fällig.

Gesundheit

Versorgung
Vor allem in den großen Städten kann man eine gute medizinische Versorgung erwarten. Die meisten Ärzte praktizieren als Allgemeinmediziner. Wer eine **Krankenhausbehandlung** benötigt, sollte staatliche Krankenhäuser eher meiden. Empfehlenswert ist eine private »Mediclinic«. Das Apothekennetz ist gut, Medikamente sind deutlich preiswerter als daheim.

Gesundheitsrisiken
Es gibt keine Pflichtimpfungen für Südafrika. Wer allerdings aus einem Gelbfiebergebiet kommt, muss bei der Einreise einen entsprechenden **Impfschutz** vorweisen. Zur eigenen Sicherheit sollte der Standardimpfschutz auf dem neuesten Stand sein.

Einige Gebiete sind **malariagefährdet** (Infos unter www.auswaertiges-amt.de, www.fit-for-travel.de). Dazu zählen die Provinzen Limpopo, Mpumalanga (Krüger-Nationalpark) und der Nordosten von KwaZulu-Natal. In ärztlicher Absprache wird unter Umständen eine Malariaprophylaxe empfohlen.

Zum Schutz gegen Mückenstiche und damit gegen Malaria sind die folgende Vorsichtsmaßnahmen empfohlen: Verzicht auf Parfüm oder Rasierwasser; helle Kleidung, Arme und Beine komplett bedecken, Einsatz von Insektenschutzmittel auf allen unbedeckten Körperteilen.

In einigen Gewässern im Norden des Landes und im Eastern Cape kommt **Bilharziose** vor. Dort sollte man nicht in Flüssen und Seen baden.

HIV und **Aids** sind in Südafrika verbreitet, sodass die entsprechenden Vorsichtsmaßnahmen bedacht werden müssen.

Das **Leitungswasser** in den großen Städten ist unbedenklich, schmeckt aber nicht immer besonders gut.

Krankenversicherung
Eine **Reisekrankenversicherung** sollte vor der Reise abgeschlossen werden.

Haustiere

Haustiere, die ins Land kommen sollen, unterliegen einer **Quarantänepflicht.** Formulare für die Ein- und Ausreise sind bei den südafrikanischen Botschaften erhältlich. Naturschutzreservate erlauben keine Haustiere.

Information

- Offizielles Tourismusbüro von Südafrika, Tel. 08 00/118 91 18 (kostenfrei), www.dein-suedafrika.de

Tourismus-Websites der Provinzen

- Eastern Cape Parks & Tourism Agency: www.visiteasterncape.co.za
- Free State Tourism: www.freestatetourism.org
- Gauteng Tourism Authority: www.gauteng.net
- Limpopo: www.golimpopo.com
- Mpumalanga Tourism & Parks Authority: www.mpumalanga.com
- North West Tourism: www.tourismnorthwest.co.za
- Northern Cape Tourism: www.experiencenortherncape.com
- Tourism KwaZulu-Natal: www.zulu.org.za
- Western Cape Tourism: www.goto.capetown

Klima und Reisezeit

Die Jahreszeiten in Südafrika sind den europäischen entgegengesetzt, da das Land auf der **Südhalbkugel** liegt.

Die heißesten Monate sind Dezember und Januar. Frühling und Herbst zeigen meist kühlere Nächte, aber warme Tage sind ideale Reisezeiten.
In den südafrikanischen **Schulferien** sind viele Einheimische im Land unterwegs, und es kann überall voll sein. Auch Hotels, Lodges und die Unterkünfte in den staatlichen Parks sind dann stark frequentiert, sodass man diese Zeiten meiden oder Unterkünfte reservieren sollte. Relevant sind die großen Ferien von Anfang Dezember bis Mitte Januar und die Osterferien im März/April.
Generell ist das **Klima** in Südafrika, bedingt durch die große Nord-Süd-Ausdehnung und die Geografie mit Berg- und Küstenregionen, regional recht unterschiedlich. In Kapstadt und im Südwesten findet man mediterrane Klimabedingungen, im Osten subtropische, im Nordwesten herrscht Wüstenklima.

Klimatabelle Kapstadt

Monat	Luft (°C) (min./max.)	Sonne (h/Tag)	Regentage	Wasser (°C)
Jan.	16/26	12	2	18
Feb.	16/27	10	3	19
März	14/25	9	4	19
April	12/22	8	7	18
Mai	9/20	6	9	17
Juni	8/18	6	10	16
Juli	7/18	6	11	15
Aug.	8/18	7	11	14
Sept.	9/19	8	7	15
Okt.	11/21	9	6	16
Nov.	13/23	10	3	17
Dez.	14/25	11	2	18

Notfall

Bei einem Unfall oder Überfall sollte die Polizei gerufen werden. Bei Diebstahl immer dann, wenn der Schaden später bei der eigenen Versicherung geltend gemacht werden soll.

- Polizeilicher Notruf: 101 11
- Rettungswagen: 101 77

Öffnungszeiten

Geschäfte öffnen Mo–Fr gewöhnlich von 9–17 Uhr, am Samstag schließen sie bereits um 13 Uhr. Manche Läden sind mittags zwischen 13 und 14 Uhr geschlossen. Die großen Shoppingmalls haben am Samstag in der Regel bis 18 Uhr geöffnet, in einigen kann man sogar am Sonntag einkaufen. Straßenhändler und Flohmärkte bieten jederzeit ihre Waren an.

Post

Briefe/Postkarten ins Ausland sind auf dem Luftweg ca. fünf bis sieben Tage unterwegs, auf dem Landweg dauert es mehrere Wochen. Briefmarken gibt es in Zeitungsläden und auf Postämtern. Die Öffnungszeiten der Postämter sind meist Mo–Fr 8.30–16.30, Samstag 8–12 Uhr.

Rauchen und Alkohol

Alkoholische Getränke wie Bier und Wein gibt es in Supermärkten, möchte man Hochprozentiges erstehen, muss man in einen gesonderten »Bottle Store«, auf Afrikaans »Drankwinkel«. Es ist oftmals möglich, seinen eigenen Wein mit ins Restaurant zu bringen. Dafür wird eine geringe Gebühr, die »corkage fee«, fällig.

Festivals und Events

Januar

Coon Carnival oder auch **Kaapse Klopse** (1.–7. Jan., Kapstadt) – farbenfroher Straßenkarneval der Coloureds in der Innenstadt. Rund 70 Gruppen ziehen in bunten Kostümen singend und tanzend durch die Straßen.

März/April

Klein Karoo National Arts Festival (Oudtshoorn) – Viele Tausend Menschen strömen jedes Jahr in die Straußen-Hochburg; buntes Kulturprogramm afrikanischer Prägung.

Cape Town International Jazz Festival (Ende März, Kapstadt) – Jazzer von Sängern über Trompeter bis zu Gitarristen aus der ganzen Welt treffen sich in der Mothercity zu einem hochkarätigen Festival.
www.capetownjazzfest.com

Juni

Comrades Marathon (Mitte Juni, Durban–Pietermaritzburg) – traditionsreicher und populärer Marathon zwischen den Städten Durban und Pietermaritzburg in KwaZulu-Natal, der seit 1921 ausgetragen und als nationales Großereignis gefeiert wird. Die Laufrichtung wechselt Jahr für Jahr – einmal ist Start in Durban, dann in Pietermaritzburg.
www.comrades.com

Juni/Juli

National Arts Festival (NAF) (Ende Juni–Anfang Juli, Grahamstown) – Theater, Malerei, Musik und Tanz: Bei dem populären jährlichen Festival verwandelt sich das Universitätsstädtchen in eine riesige Spielwiese für Künstler aller Genres. Das Festival gilt als das größte seiner Art auf dem afrikanischen Kontinent.
www.nationalartsfestival.co.za

Juli

Knysna Oyster Festival (Knysna) – Ein jährliches Highlight im Western Cape ist das Oyster Festival an der Garden Route, das seit 1983 stattfindet. Bei dem Lifestyle-Event dreht sich alles um die Auster.
www.oysterfestival.co.za

Bastille Day (Mitte Juli, Franschhoek) – Der französisch geprägte Ort, in dem die Nachfahren der Hugenotten französische Lebensart pflegen, feiert den Bastille Day. Alles dreht sich dann um Haute Cuisine und feine Weine.
www.franschhoek.co.za

September

Whale Festival (Ende Sept., Hermanus) – Der Ort an der Südküste gilt als Walhauptstadt der Welt. Da bietet es sich an, ein Festival auszurichten – zu einer Zeit, in der mit vielen Walen in der Bucht zu rechnen ist. Geboten werden Livemusik, sportliche Wettbewerbe und kulinarische Leckerbissen.

Oktober

Jacaranda Festival (Pretoria) – Immer im Oktober stehen die viele Jacarandabäume in voller Blüte, und die Stadt ist in zartes Lila getaucht. Die Bewohner feiern das ausgiebig mit gutem Essen, Kultur und Familienaktionen.

Öffentliche Gebäude wie Behörden, Shoppingmalls und andere sind **rauchfreie Zonen.** Restaurants und Bars müssen **Nichtraucherbereiche** einrichten oder sind ganz rauchfrei.

Sicherheit

Die Sicherheitslage in Südafrika wird immer wieder kontrovers diskutiert. Bei ihrer Beurteilung sollte man bedenken, dass ein klassischer Südafrika-Reisender nur auf touristischen Wegen unterwegs ist und viele Situationen mit höherem Gefahrenpotenzial wie Vorortzüge oder gewisse Townships von vornherein meidet, sodass die allgemeinen Statistiken auf ihn nicht zutreffen. Als Tourist sollte man auf jeden Fall die allgemeinen **Sicherheitsvorkehrungen** treffen, die auch für andere Gegenden der Welt gelten: Das Gepäck nie unbeaufsichtigt stehen lassen, Wertsachen am besten in den Hotelsafe einschließen, sie auf der Straße nicht mitnehmen oder offen zeigen und dicht am Körper transportieren. Wer Geld mit der Kreditkarte oder EC-Karte am ATM-Schalter abheben möchte, sollte sichere Orte (Flughafen, großes Shoppingcenter) wählen und unüberschaubare Plätze meiden.
Tagsüber kann man sich in allen großen Städten problemlos bewegen. Nach Einbruch der **Dunkelheit** sollte man nicht mehr allein unterwegs sein. Entweder bewegt man sich in einer Gruppe oder nimmt ein Taxi/Uber.
Wer unsicher ist, was empfehlenswert ist oder nicht, fragt am besten in seiner Unterkunft nach. Dort kann man verlässlich aktuelle Auskünfte erhalten.
Bei einer Reise mit dem **Mietwagen** gilt: Das Auto immer abschließen und nichts offen in dem Wagen liegen lassen – alles gehört in den Kofferraum. In großen Städten an Haltepunkten wie Ampeln zur Sicherheit die Fenster schließen und am besten auch die Türen verriegeln.
Ständig aktualisierte Informationen zu der Sicherheitslage in Südafrika sind im Netz unter www.auswaertiges-amt.de nachzulesen.

Baden

Beim Baden im Meer ist Vorsicht geboten. Zum einen gibt es teils starke Strömungen, zum anderen stellen Haie eine mögliche Gefahr dar. Es gibt aber zahlreiche bewachte Strände und auch solche, die durch Hainetze geschützt sind.

Souvenirs

Überall in Südafrika wird – oft auf Märkten – afrikanische **Handwerkskunst** angeboten. Dort lassen sich neben Massenware auch immer wieder schöne Stücke finden. Am besten nach Produkten Ausschau halten, die aus der Region kommen. Angeboten werden Holzschnitzereien, Masken, Stoffe, Perlenschmuck, Lederwaren sowie Dekorationsgegenstände und Spielzeug aus recyceltem Material wie Draht oder Getränkedosen. Von **Wildtiersouvenirs** sollte man Abstand nehmen. Es ist in vielen Fällen verboten, sie ein- bzw. auszuführen, und auch ethisch überdenkenswert.

Sport

Golf

Südafrika ist eine hervorragende Golfdestination mit zahlreichen schönen Plätzen, vorrangig in der Kapregion. Ausländische Gäste sind überall willkommen, die Greenfees sind vergleichsweise kostengünstig.

Laufsport

Vor allem Marathon ist in Südafrika beliebt. Ein Großereignis ist immer zu Ostern der **Two Oceans Marathon** auf der landschaftlich reizvollen Kaphalbinsel.

Radfahren

In den Innenstadtgebieten ist Fahrradfahren wenig erfreulich, da es keine ausgewiesenen **Fahrradwege** gibt. Auf der Kaphalbinsel sind allerdings häufig sportliche Fahrradfahrer unterwegs. Dort und im Umland von Kapstadt finden sich auch zahlreiche **Mountainbike**-Strecken. Es gibt zwei große **Radrennen:** das Mountainbike-Rennen Absa Cape Epic über 800 km und die Cape Town Cycle Tour, das wohl größte Zeitradrennen der Welt, an dem mehr als 35 000 Teilnehmer am Start sind. Informationen zum sportlichen Radfahren und zu Radrennen gibt es unter www.bicycling.co.za.

Wassersport

Südafrika ist ein Surferparadies mit hervorragenden Spots in Jeffrey's Bay, Port Elizabeth, Plettenberg Bay, Victoria Bay und bei Kapstadt. Doch auch Kitesurfen, Tauchen, Hochseeangeln, Wasserski und Segeln genießen große Beliebtheit. Südafrikas Flüsse bieten gute Bedingungen für Kanufahrten und Rafting.

Strom und Steckdose

Das Stromnetz läuft mit 220/230 Volt Wechselstrom. Erforderlich sind dreipolige **Adapter,** die nicht in sogenannten Weltadaptern integriert sind. Sie müssen in der Regel im Land gekauft werden, sind aber überall für wenig Geld erhältlich.

Telefon und Internet

Hotels ermöglichen gewöhnlich – meist kostenfrei – einen **WLAN**-Zugang. Bis auf ganz kleine Orte finden sich ansonsten fast überall **Internetcafés** zum kostengünstigen Surfen. Wer telefonieren oder über seinen Handytarif online gehen möchte, sollte sich eine südafrikanische **SIM-Card** zulegen, um nicht teuer roamen zu müssen. Diese gibt es bereits an den Flughäfen, und die Mitarbeiter helfen beim Einsetzen.

Internationale Vorwahlen

- **Südafrika** 027
- **Deutschland** 00 49
- **Österreich** 00 43
- **Schweiz** 00 41

Trinkgeld

Es ist in Südafrika grundsätzlich üblich, Trinkgeld zu geben – verpflichtend ist es jedoch nicht. Die **Kellner** im Restaurant erhalten gewöhnlich zehn Prozent der Rechnungssumme. Auch Taxifahrer freuen sich über zehn Prozent. Servicemitarbeiter im **Hotel** bekommen zehn Rand pro Tag, wenn man zufrieden ist, Tourguides pro Ausflug je nach Gruppengröße zehn bis 50 Rand. An **Tankstellen** kann man den Mitarbeitern zwei bis fünf Rand geben. Höhere Summen werden für den **Safari-Ranger** und den **Spurenleser/Tracker** erwartet. In Fünf-Sterne-Lodges können das schon einmal 100 Rand pro Person und Tag oder auch mehr sein. Häufig finden sich in den Informationsbroschüren der Lodges Richtwerte, wenn man unsicher ist.

Umgangsformen

Üblicherweise geht es eher locker zu, strenge Etikette muss nicht eingehalten werden. Es gibt viele ethnische Gruppen mit eigenen Verhaltensregeln, die man als Tourist aber nicht alle kennen muss. Wer unsicher ist, fragt am besten den Guide oder einen Einheimischen. Der christliche Glaube ist sehr verbreitet, Witze oder Respektlosigkeiten verbieten sich. Komplette Tabuthemen gibt es nicht. Wenn es um das Zusammenleben der Volksstämme oder um die Apartheidzeit und die Rolle der Europäer darin geht, sollte man jedoch vorsichtig und mit Fingerspitzengefühl agieren. Pünktlichkeit, wie man sie aus Deutschland kennt, kann man – vor allem auf dem Land – nicht erwarten. Die Uhren ticken anders, und wichtige Familienangelegenheiten können den Zeitplan schnell über den Haufen werfen. Bei Fotos gilt wie überall: Bitte erst fragen, dann knipsen.

Unterkunft und Hotels

Camping

Wildes Campen ist nicht gern gesehen und sollte schon aus Sicherheitsgründen vermieden werden. Wer gern Campingurlaub macht, findet eine große Bandbreite von rund 800 Campingplätzen und Caravanparks im Land. In den südafrikanischen Schulferien sind vor allem die schönsten Plätze oft ausgebucht und sollten deshalb vor der Reise reserviert werden. Beim Campen sollte man bedenken, dass es im afrikanischen Winter, also in den Monaten Juni bis August, empfindlich kalt werden kann, auch Nachtfröste sind möglich. Am Kap und an der Garden Route muss man mit Regen und nasskaltem Wetter rechnen.

Cottages für Selbstversorger

In Südafrika kann man sehr gute Selbstversorgerunterkünfte für wenig Geld bekommen. Sie sind meist geräumig und mit dem Wichtigsten ausgestattet. Sie werden unter folgenden Namen angeboten: Cottage, Chalet, Cabin, Hut oder Rondavel. Einheimische wählen vorzugsweise diese Unterbringungsvariante.

Unterkünfte in Nationalparks

In den größeren Nationalparks gibt es staatliche Restcamps mit Cottages und Zeltplätze für Selbstversorger. Meist finden sich dort auch eine Rezeption, ein Laden, ein Restaurant und manchmal auch Freizeiteinrichtungen wie ein Swimmingpool. Die kleineren Parks bieten manchmal einfache Hütten ohne weitere Ausstattung. Die Parkunterkünfte sind unter der Leitung von South African National Parks (www.sanparks.org), Cape Nature (www.capenature.co.za) oder KZN Wildlife (www.kznwildlife.com) und können nur dort gebucht werden. Vorausbuchung vor allem in den Ferienzeiten ist dringend empfohlen.

Backpacker-Hostels

Rucksackreisende sind in Südafrika willkommen, und daher gibt es viele Hostels vor allem in den beliebten Gegenden wie Kapstadt und an der Garden Route. Für preisbewusste Einzelreisende und junge Leute sind diese Unterkünfte ideal, die häufig mit Bar, einer Gemeinschaftsküche und sogar

Swimmingpool ausgestattet sind. Infos unter www.travelnownow.co.za.

B&B und Guesthouses

Die Guesthouses und B&B-Unterkünfte, die sich überall im Land finden, gehören zu Südafrikas attraktivsten Übernachtungsmöglichkeiten mit hohem Standard und einem guten Preis-Leistungs-Verhältnis. Sie werden oft als Familienunternehmen geführt. Man kann komfortable Zimmer, ein gutes Frühstück und persönlichen Service erwarten.

Hotels

Die großen internationalen Ketten sind mit ihren Häusern ebenso vertreten wie kleinere Zwei- bis Dreisternehäuser. Die Bandbreite reicht von ultraluxuriös bis einfach.

Lodges

Es gibt sie von sehr luxuriös bis einfach und rustikal. Oft liegen Lodges in privaten Wildreservaten oder in der Umgebung von Naturparks. Sie bieten meist ein naturnahes Erlebnis. Im Preis der sehr kostspieligen Luxus-Lodges sind in der Regel alle Aktivitäten und auch Mahlzeiten/Getränke enthalten.

Verkehrsmittel im Land

Individualtouristen reisen in den allermeisten Fällen mit dem **Mietwagen** durchs Land. Das öffentliche Verkehrsnetz ist bei Weitem nicht so gut ausgebaut, wie man es aus Europa kennt. Alternativen auf Langstrecken sind **Busse** und auf ausgewählten Strecken **Züge,** deren Zeitplan aber nicht unbedingt verlässlich ist. Einen nennenswerten öffentlichen **Nahverkehr** in den Städten gibt es im Grund nur in Kapstadt und Johannesburg. Taxis und Uber füllen die Lücken für alle, die kein Auto zur Verfügung haben.

Busse

Busfahrten über Land werden u.a. von Translux Express, Greyhound und Intercape Mainliner angeboten. Sie verbinden alle großen Städte miteinander und setzen moderne, komfortable Busse mit Klimanlage ein. Eine Fahrt von Kapstadt nach Johannesburg kostet im Schnitt 400 bis 500 Rand pro Person, die Fahrtzeit beträgt rund 18 Stunden. Tickets können zentral über www.computickettravel.com gebucht werden.

Gern von jungen Leute genutzt wird der **Baz-Bus** (www.bazbus.com). Verfügbar sind dort auch Hop-on-hop-off-Tickets auf Langstrecken mit zahlreichen Stationen und Haltepunkten an Gästehäusern, Backpacker-Unterkünften und Hotels/Lodges.

Klassische **Hop-on-hop-off-Busse,** die wichtige Stationen in einer Stadt und im Umland ansteuern, gibt es in Kapstadt und Johannesburg. Buchung unter www.citysightseeing.co.za.

Mietwagen

Die Infrastruktur in Südafrika ist gut, sodass Individualreisende problemlos mit dem Mietwagen durchs Land reisen können. Die bekannten Autovermieter wie Hertz, Avis und Budget sowie weitere lokale Anbieter sind vertreten und haben ihre Filialen an den Flughäfen und in den größeren Städten. Es ist zu empfehlen, den Mietwagen schon vor der Reise beim Reiseveranstalter oder bei den entsprechenden Reservierungszentralen zu buchen. Beim Abholen und Anmieten des Wagens muss man folgende Unterlagen vorlegen: Kreditkarte (meist Visa oder Mastercard), gültigen Pass und (internationalen) Führerschein. Fahrer müssen mindestens 21 Jahre alt und außerdem bereits mindestens zwei Jahre im Besitz einer Fahrerlaubnis sein.

Taxi/Uber

Taxis nehmen in der Regel keine Gäste an der Straße auf. Man sollte die Taxivermittlung anrufen oder einen Taxistand im Stadtzentrum suchen. Ideal sind Taxis mit Taxameter. Ist dieses nicht vorhanden, sollte man vor der Fahrt einen festen Preis ausmachen. In den vergangenen Jahren wird zunehmend der Fahrdienst Uber genutzt (App: Uber). Er gilt als verlässlich und ist preiswerter als ein Taxi.

Züge

Die **Langstreckenzüge** Shosholoza Meyl (Tourist Class/Economy Sleeper Class und Premier Classe/Deluxe Sleeper Class) sowie der exklusive Blue Train (Luxury Sleeper Class) verbinden die großen Städte des Landes mit folgenden Hauptstationen: Johannesburg, Kapstadt, Durban, Port Elizabeth und East London. Buchung online unter www.southafricanrailways.co.za. Die Erfahrungen der meisten Reisenden sind zufriedenstellend bis gut, allerdings sind die Züge häufig deutlich verspätet.

Die **Vorortzüge** im Land namens Metrorail sollten gemieden oder nur von Landeskundigen mit aktuellen Sicherheitsinformationen genutzt werden, die Verbindung zwischen Kapstadt und Simon's Town gilt allerdings als sicher. Ebenfalls keine Bedenken gelten für den **Schnellzug** Gautrain, der Pretoria, Johannesburg und den internationalen Flughafen von Johannesburg miteinander verbindet.

Ein nostalgisches Highend-Erlebnis versprechen die **Luxuszüge** Rovos Rail (www.rovos.com) und Shongololo Express (www.shongololo.com), die unterschiedliche Routen mit hohem Sightseeing-Potenzial befahren und auch Kombinationsfahrten mit anderen afrikanischen Ländern im Programm haben.

Zeitverschiebung

In Südafrika gilt: MEZ + 1. Während der deutschen Winterzeit müssen die Uhren bei Ankunft um eine Stunde vorgestellt werden. Im Sommer gibt es keinen Zeitunterschied.

Zollbestimmungen

Mehrwertsteuererstattung

In Südafrika ist die »value-added tax« (VAT) in Höhe von 14 Prozent in den meisten Preisen inkludiert. Besucher haben die Möglichkeit, sich die VAT ab einem Warenwert von 250 Rand bei der Ausreise erstatten zu lassen. Rückzahlungsstellen finden sich an Flughäfen und an verschiedenen Häfen. Vorgelegt werden müssen ein ausgefülltes Antragsformular, die Originalrechnung, der Reisepass und – ganz wichtig – die Ware.

Ein- und Ausfuhr

Es gibt für die Einfuhr von Euro keine Obergrenze, allerdings dürfen maximal 25 000 Rand ins Land gebracht werden. Alles, was dem persönlichen Gebrauch dient, ist bei der Einreise zollfrei. Begrenzt ist die Einfuhr von Spirituosen (1 l), Wein (2 l), Zigaretten (200 Stück) und Zigarren (20 Stück).

Die Geschichte Südafrikas

Seit 30 000 v. Chr. Khoisan bevölkern das südliche Afrika.

500 n. Chr. Bantu-Volksgruppen wandern aus dem Norden ein.

1652 Jan van Riebeeck kommt als Vertreter der Holländisch-Ostindischen Kompanie ans Kap. Er richtet einen Versorgungsstützpunkt ein. Kapstadt wird gegründet.

1658 Die ersten Sklaven werden ans Kap verschleppt.

1659 Der erste Wein wird gekeltert.

1688 Hugenotten treffen am Kap ein.

1814 Das Kap wird britische Kronkolonie.

1816 Shaka wird König der Zulus und weitet sein Herrschaftsgebiet aus.

1834 Nach der Abschaffung der Sklaverei beginnt der große Treck der Buren/Voortrekker nach Nordosten ins Landesinnere.

1838 Voortrekker und Zulus bekämpfen sich in der Schlacht am Blood River.

1860 Aus Indien kommen die ersten Arbeiter für die Zuckerrohrplantagen in Natal.

1869 Diamantenfunde in Kimberley.

1880–1881 Erster Burenkrieg, Sieg der Buren über die Briten.

1899–1902 Zweiter Burenkrieg, Briten siegen über die Buren und erlangen die uneingeschränkte Herrschaft über Südafrika.

1912 Der South African National Congress (ANC) wird gegründet.

1913 Das Landeigentum für Schwarze wird durch den Land Act gesetzlich beschränkt.

1915 Südafrika besetzt »Deutsch-Südwestafrika« (heute Namibia).

1925 Afrikaans wird neben Englisch offizielle Amtssprache.

1939 Südafrika tritt auf der Seite der Alliierten in den Zweiten Weltkrieg ein.

1948 Beginn der systematischen Apartheidspolitik.

1961 Südafrika erklärt seine Unabhängigkeit von Großbritannien und wird eigenständige Republik.

1962 ANC-Führer Nelson Mandela wird verhaftet und 1964 zu lebenslanger Haft verurteilt.

1976 Der schwarze Schüleraufstand in Soweto wird blutig niedergeschlagen.

1977 Der UN-Sicherheitsrat verhängt ein Waffenembargo gegen Südafrika.

1989 Frederik de Klerk wird Staatspräsident.

1990 De Klerk lässt Nelson Mandela frei, hebt Parteienverbote und zahlreiche Apartheidgesetze auf.

1991 Mandela wird ANC-Präsident.

1993 De Klerk und Nelson Mandela erhalten den Friedensnobelpreis.

1994 Erste freie Parlamentswahlen in Südafrika. Mandela wird Staatspräsident.

1999 Bei den Neuwahlen wird der ANC stärkste Partei und stellt mit Thabo Mbeki an der Spitze die Regierung.

2009 Jacob Zuma wird neuer Staatspräsident.

2014 Bei Neuwahlen erreicht der ANC unter Jacob Zuma die absolute Mehrheit.

2018 Jacob Zuma tritt auf Druck seiner eigenen Partei zurück. Neuer Staatspräsident wird Cyril Ramaphosa (ebenfalls ANC).

2019 Der gefeierte südafrikanische Musiker Johnny Clegg, der immer für die Gleichberechtigung der weißen und der nicht weißen Bevölkerung kämpfte, stirbt in Johannesburg.

Englisch für die Reise

Das Wichtigste in Kürze

Ja/Nein	*Yes/No*
Bitte/Danke	*Please/Thank you*
Hallo!/Auf Wiedersehen!	*Hello!/Good bye!*
Guten Tag!	*Good morning!/ Good afternoon!*
Guten Abend!/ Gute Nacht!	*Good evening!/ Good night!*
Mein Name ist …	*My name is …*
Entschuldigung!	*Excuse me!*
Achtung!/Vorsicht!	*Attention!/Caution!*
Ich verstehe Sie nicht.	*I don't understand you.*
Wie viel kostet …?	*How much is …?*
Wo sind die Toiletten?	*Where is the lavatory?*
Damen/Herren	*Ladies/Gentlemen*
geöffnet/geschlossen	*open/closed*
gestern/heute/ morgen	*yesterday/today/ tomorrow*
Wie viel Uhr ist es?	*What time is it?*
Wo ist …?	*Where is …?*
Wie weit ist …?	*How far is …?*
Ist das der Weg nach …?	*Is this the way to …?*
geradeaus/links/ rechts/zurück	*straight on/left/ right/back*
nah/weit	*near/far*
Nord/Süd/ West/Ost	*north/south/ west/east*
Ich möchte …	*I would like …*
Hotel/Unterkunft	*hotel/accommodation*
Gepäck	*luggage*
Frühstück	*breakfast*
Mittagessen	*lunch*
Abendessen	*dinner*
Die Rechnung, bitte!	*The bill, please!*
Restaurant	*restaurant*
Auto	*car*
Parkplatz	*car park/parking space*
Tankstelle	*petrol station*
Benzin/Super/Diesel/ Autogas (LPG)	*petrol/unleaded/diesel/ liquid petroleum gas*
Panne	*breakdown*
Hilfe!	*Help!*
Fahrrad	*bicycle*
Hauptbahnhof	*main station*
Bushaltestelle	*bus stop*
Flughafen	*airport*
U-Bahn-Station	*subway station*
Zug	*train*
Schiff/Fähre	*ship/ferry*
Pass/Personalausweis	*passport/ID card*
Bank/Geldautomat	*bank/cashpoint (ATM)*
Polizeistation	*police station*
Arzt	*doctor*
Apotheke	*pharmacy*
Lebensmittelgeschäft	*food store*
Tourismusbüro	*tourist office*
Botschaft	*embassy*

Wochentage

Montag/Dienstag	*Monday/Tuesday*
Mittwoch	*Wednesday*
Donnerstag	*Thursday*
Freitag/Samstag	*Friday/Saturday*
Sonntag	*Sunday*

Monate

Januar/Februar	*January/February*
März/April	*March/April*
Mai/Juni	*May/June*
Juli/August	*July/August*
September	*September*
Oktober	*October*
November	*November*
Dezember	*December*

Zahlen

1	*one*	8	*eight*
2	*two*	9	*nine*
3	*three*	10	*ten*
4	*four*	11	*eleven*
5	*five*	12	*twelve*
6	*six*	100	*a (one) hundred*
7	*seven*	1000	*a (one) thousand*

Alle Blickpunkt-Themen in diesem Band:

Register

Bildnachweis
Titel: Misty Cliffs bei Kapstadt
Foto: **stock.adobe.com** (bennymarty)
Rücktitel: links: **Shutterstock.com** (MG Africa), rechts: **Shutterstock.com** (PACO COMO)

Adobe Stock: Paco Como 2.1, 99.1, 100/101; Xaver Klaussner 5.1; ArTo 8; Louis 39; julien 44; hpbfotos 50; 5-Birds Photograpy 63.1; Neissl 81; Volker Haak 95; demerzel21 99.2; PhotoElite 105; henk 106; ArtushFoto 117.1 – **Drostdy-Hotel:** 61 – **Getty Images:** Pascale Beroujon 2.2; Klaus Vedfelt 6.2; Lonely Planet/Peter Unger 24, 49; Lonely Planet/Merten Snijders 43.2; THEGIFT777 64/65 – **Jabulani Safari:** 115 – **Jutta Lemcke:** 97 – **Look Photos:** Design Pics14/15 – **mauritius images:** David South/Alamy 10.1, 55; Zoonar GmbH/Alamy 10.2; Alamy/Juergen Ritterbach 54; John Warburton-Lee/Ian Trower 67; History and Art Collection/Alamy 70; Alamy/Hpbfotos 110 – **Seasons Agency:** Jalag/Maria Schiffer 7; Jalag/Walter Schmitz 144 – **Shutterstock:** Picture.Perfect 4/5; Sergey Uryadnikov 5.2, 12.1; Angela N Perryman 6.1; Oscar Benavides Wildlife 6.3; Burhan Ay 9; Ilko Iliev 11.1, 11.3; Anton_Ivanov 11.2; Grobler du Preez 12.2, 57, 120; mehdi33300 12.3; WitR 13.1; lesedi 13.2; MD_Photography 13.3, 26; Janet Newenham 17.1; Lmspencer 17.2; Benjamin B 18/19; Kiev Victor 20; Alessia Pierdomenico 29; Wildeside 31; Warren Parker 33; Michael Jung 34; EcoPrint 36, 76; Oksana Mizina 37; Marisa Estivill 38; Harry Beugelink 43.1; Bildagentur Zoonar GmbH 53; Conor Phelan 59; Eleanor H Hattingh 63.2; lcswart 63.3; Dylan Barnes 73; Joseph Sohm 78; njaj 83; Subodh Agnihotri 87.1; Richard van der Spuy 87.2; lulu and isabelle 87.3; milosk50 87.4; Rich T Photo 90; Jane Rix 99.3; Francesco Dazz 109; Codegoni Daniele 111; Kev Gregory 112/113; Vladislav Gajic 117.2; ArTush 117.3, 122; David Steele 117.4

Herausgeber: GRÄFE UND UNZER VERLAG GmbH, Postfach 86 03 66, 81630 München
Leitender Redakteur: Benjamin Happel
Autorin: Jutta Lemcke
Verlagsredaktion: Nadia Terbrack (verantw.), Larissa Köpp, Silke Tauscher, Gernot Schnedlitz
Lektorat und Satz: bookwise GmbH, München
Bildredaktion: Heide Christiansen
Schlusskorrektur: Karin Leonhart
Reihengestaltung: Eva Stadler
Kartografie: Huber Kartographie GmbH, Unterschleißheim
Herstellung: Mendy Willerich
Druck + Bindung: Drukarnia Dimograf Sp z o.o. (Polen)

Ansprechpartner für den Anzeigenverkauf:
KV Kommunalverlag GmbH & Co. KG, MediaCenter München,
Tel. 089/928 09 60

Bei Interesse an maßgeschneiderten B2B-Produkten:
gabriella.hoffmann@graefe-und-unzer.de

GRÄFE UND UNZER

Ein Unternehmen der
GANSKE VERLAGSGRUPPE

ISBN 978-3-95689-519-7
1. Auflage 2020

Leserservice
adac@graefe-und-unzer.de
Tel. 00800/72 37 33 33 (gebührenfrei in D, A, CH)
Mo–Do 9–17 Uhr, Fr 9–16 Uhr

Aus Gründen der besseren Lesbarkeit wird in diesem Buch bei Personenbezeichnungen das generische Maskulinum verwendet. Es gilt gleichermaßen für alle Geschlechter.

Unterwegs in Südafrika

Ab ins Auto

Südafrika ist ein Autoland – zumindest für weiße Südafrikaner. Individualtouristen nehmen den Mietwagen, ein Allrad-Fahrzeug ist meist nicht nötig. Das Verkehrsnetz ist im afrikanischen Vergleich gut ausgebaut und beschildert. Es herrscht Linksverkehr.

Parken

Auf dem Land und in kleinen Städten gibt es meist reichlich Parkplätze. Eng wird es in den Metropolen, allen voran Kapstadt und Johannesburg. Dort sollte man – nicht zuletzt aus Sicherheitsgründen – auf das Auto möglichst verzichten.

■ Details auf Seite 30 (Kapstadt)

Luxuszüge

Sie sind romantisch, exklusiv und ein Traum vieler Südafrika-Reisender: die Luxuszüge, die auf mehreren Strecken in gemächlichem Tempo durch grandiose Landschaften zuckeln und ganz neue Blicke auf Land und Leute erlauben. Legendär ist der Rovos Rail mit seinen Nostalgiewaggons und einem offenen Panoramawagen, in dem man wie in alten Zeiten reist.

■ Details: www.rovos.com

Mit Öffis durch Kapstadt

Der Fußball-Weltmeisterschaft 2010 sei Dank gibt es in Kapstadt seither das MyCiti-Nahverkehrsnetz. Auf wichtigen Routen verkehren moderne Busse – teils auf gesonderten Spuren, was vor allem in der Rushhour von Vorteil ist.

■ Details: www.myciti.org.za

Zu Fuß

Südafrika bietet in vielen Gegenden herrliche Wanderrouten. Die Auswahl reicht von kurzen Spaziergängen bis zu mehrtägigen Touren. Packen Sie Ihre Wanderschuhe ein und erlaufen Sie sich die Naturschönheiten des Landes.